高校英语学科
建设路径与教学研究

张菀心 著

吉林出版集团股份有限公司
全国百佳图书出版单位

图书在版编目（CIP）数据

高校英语学科建设路径与教学研究/张菀心著．——长春：吉林出版集团股份有限公司，2023.10
ISBN 978-7-5731-4432-4

Ⅰ.①高… Ⅱ.①张… Ⅲ.①高等学校—英语—学科建设—研究 Ⅳ.①H319.3

中国版本图书馆CIP数据核字(2023)第204954号

高校英语学科建设路径与教学研究
GAOXIAO YINGYU XUEKE JIANSHE LUJING YU JIAOXUE YANJIU

著　　者	张菀心
责任编辑	尤　雷
助理编辑	杨　帆
装帧设计	王　哲
开　　本	710 mm × 1000 mm　1/16
印　　张	12
字　　数	202千字
版　　次	2024年1月第1版
印　　次	2024年1月第1次印刷
出　　版	吉林出版集团股份有限公司
发　　行	吉林音像出版社有限责任公司
	（吉林省长春市南关区福祉大路5788号）
电　　话	0431-81629679
印　　刷	廊坊市博林印务有限公司

ISBN 978-7-5731-4432-4　　定　价　75.00元

如发现印装质量问题，影响阅读，请与出版社联系调换。

前　言

随着社会经济的不断发展和全球交流的日益频繁，英语作为一门重要的国际通用语言已经成为现代社会中不可或缺的一部分，越来越多的高校开始意识到培养学生跨文化交流能力的重要性，因此加强了对英语学科教学的投入。良好的英语学科建设可以培养出具有国际竞争力的人才，这些人才将成为国家走向国际化的重要支撑，促进经济发展和科技创新。

基于此，笔者以"高校英语学科建设路径与教学研究"为题，首先分析高校英语学科建设、高校英语教学的理论、高校英语的课程教学主体、高校英语教学的学科融合；其次探讨高校英语学科的思维建设方向、高校英语学科的教学内容构建、高校英语学科的不同教学维度；最后具体探究高校英语学科的教学方法。在笔者写作过程中，要衷心感谢所有参与本书编撰和出版的人员，他们的辛勤工作和支持使得这本书能够顺利完成。但是，由于学科发展的日新月异和教学实践的多样性，本书所涵盖的内容无法涵盖所有可能的领域和观点。如果有任何遗漏或疏忽之处，笔者深表歉意，恳请读者予以谅解。

张菀心

目 录

第一章 高校英语学科建设与教学理论 ·················· 1
    第一节 高校英语学科建设解读 ························ 1
    第二节 高校英语教学的理论分析 ······················ 2
    第三节 高校英语的课程教学主体 ······················ 9
    第四节 高校英语教学的学科融合 ······················ 18

第二章 高校英语学科的思维建设方向 ···················· 21
    第一节 高校英语学科的学习思维 ······················ 21
    第二节 高校英语学科的语言思维 ······················ 31
    第三节 高校英语学科的思维体验 ······················ 34

第三章 高校英语学科的教学内容构建 ···················· 36
    第一节 高校英语学科之听力教学 ······················ 36
    第二节 高校英语学科之口语教学 ······················ 39
    第三节 高校英语学科之阅读教学 ······················ 41
    第四节 高校英语学科之写作教学 ······················ 43
    第五节 高校英语学科之翻译教学 ······················ 46

第四章 高校英语学科的不同教学维度 ···················· 78
    第一节 高校英语学科教学的生态维度 ·················· 78
    第二节 高校英语学科教学的文化维度 ·················· 92
    第三节 高校英语学科教学的整合维度 ·················· 94
    第四节 高校英语学科的有效教学维度 ·················· 95

第五章　高校英语学科的教学方法探究……………………………… 104
　　第一节　语言学视域下的英语教学方法……………………… 104
　　第二节　跨文化交际下的英语教学方法……………………… 115
　　第三节　现代信息技术下英语教学方法……………………… 140
　　第四节　创新视域下英语学科教学方法……………………… 168

结语……………………………………………………………… 180

参考文献………………………………………………………… 181

第一章　高校英语学科建设与教学理论

第一节　高校英语学科建设解读

随着全球化和信息技术的迅速发展，英语作为一种国际通用语言，在现代社会的沟通和交流中扮演着重要的角色。因此，高校英语学科的建设成为了当今教育领域的一个重要议题，"高校英语专业应发挥外语学科的天然优势，与相关学科实现联动互通、融合创新"[①]，加快外语学科人才培养，构建跨学科"大外语"，培养符合新时代新使命要求的高素质国际化复合型人才。

一、高校英语学科建设的本质

首先，高校英语学科建设的本质在于培养学生的语言能力。英语专业的学生需要具备扎实的英语听、说、读、写、译等综合语言技能。他们需要掌握英语的语法、词汇和语言表达能力，并能够灵活运用英语进行交流和写作。因此，高校英语学科建设的核心任务是提高学生的语言水平，使他们能够胜任各种英语相关的工作。

其次，高校英语学科建设的本质还在于培养学生的跨文化交际能力。英语不仅是一门语言，更是一种文化的载体。在全球化的背景下，不同国家和地区的人们需要通过英语进行交流和合作。因此，高校英语学科应该注重培养学生的跨文化意识和跨文化交际能力，使他们能够理解并适应不同文化背景下的交流需求，避免文化误解和冲突。

最后，高校英语学科建设的本质还包括培养学生的终身学习能力和创新思维。随着信息技术的飞速发展，知识更新的速度越来越快。高校英语专业

[①] 韩媛. 高校英语专业学科建设与人才培养探究[J]. 中国高等教育，2022（Z1）：72.

的学生需要具备主动学习的能力，能够不断跟进最新的语言和文化知识，并能够独立思考和创新。因此，高校英语学科建设应该注重培养学生的学习方法和研究能力，激发他们的创新潜能。

二、高校英语学科建设的现状

首先，英语学科的教学质量和师资力量是一个关键问题。一些高校在英语教育方面存在师资不足、教学方法陈旧等问题，需要加大力度培养和引进高水平的英语教师，推动教学方法的改革和创新。

其次，英语教育的评价体系也需要完善。目前，我国的英语教育评价主要以考试成绩为导向，缺乏对学生实际语言运用能力和跨文化交际能力的全面评价。因此，需要建立更加科学有效的评价机制，以促进学生全面发展。

最后，全球化背景下的英语教育也面临着文化多样性和语言变体的挑战。英语作为一种国际通用语言，存在着不同地区和社会群体的语言变体和文化差异。高校英语学科应该重视培养学生的语言意识和跨文化敏感性，使他们能够在不同语言环境和文化背景下进行有效的交流。

总之，高校英语学科建设的本质在于培养学生的语言能力、跨文化交际能力和终身学习能力。同时，建设高质量的英语学科也面临着教学质量、评价体系和文化多样性等挑战。只有通过持续的努力和改革创新，高校英语学科才能更好地适应现代社会的需求，为学生的未来发展提供坚实的基础。

第二节　高校英语教学的理论分析

一、高校英语教学的目标分析

（一）英语教学目标的设定

"英语是一门语言学科，是用来交流的工具，听、读、写三种能力是英语教学之中的主要形式。高校英语教学的目的，应该是使学生能够在未来的工作岗位上熟练使用这门语言的基础"[①]。随着教育改革的发展，高校英语教学的目标逐渐变为以实用为主，应用为目的，为培养生产、技术、服务、管理等方面的人才，应将英语纳入语言应用的范畴。在英语教学过程中，学生应该有意识地去运用英语交流，多用方能自如，通过连续的套用模拟，让学生在模拟—运用—拓展中找到语感，以后在相似的环境下即可自由切换，先找到语感，再完善细节，能够增强学生的自信心。

（二）英语教学目标的原则

高校英语教学的基本原则需要包含语言学科的特点，还有符合学生学习的心理特征，掌握英语教学的具体原则，可以更好地实现英语教学目标，使教学质量得到较高的保证。

1. 以人为本的原则

在教育过程当中，学生才是教学过程的主体，这样的观念可以被称为教育当中的以人为本观念，或者以学生为中心原则。以学生为中心原则就是在教学的过程当中以学生为主，根据每一个学生的不同情况制定不同的教学计划。学生的不同情况包括：学生的学习目标，学生的学习习惯、学生的学习兴趣、学生的学习困难等。因此，教师在制定学习计划的时候不能统一制定一个，而是要根据不同学生制定不同计划。教师这么做的目的也是为了让学生克服学习的畏难情绪，积极学习知识，从而形成良性循环。在这样教学环境当中的学生，可以顺从自己的学习方式，以自我为学习的中心，拿出最大限度的精力和热情，更加积极主动地学习。

2. 兴趣性教学的原则

在英语教学过程当中，只有兴趣是可以让学生高效率学习的内驱力。学生对于未知的领域天然抱有一种好奇心，教师应该充分利用他们的好奇心，引导他们以积极的态度探索英语学习领域，增强学生对于英语学习的兴趣。高校英语教学还应注重兴趣领域的影响原则，在学生感兴趣的情况下，充分调动学生的情感因素，让他们能够主动学习英语，热爱英语学习氛围。以兴趣原则为指导的英语教学活动，可以从以下方面入手：

[①] 马丽. 高校英语教学目标中读听写的关系研究 [J]. 新教育时代电子杂志（教师版），2017（3）：33.

（1）充分了解学生的特点。教师应充分了解学生的特点，每个学生的性格都是不尽相同的，因为各个学习因素的差别，每个学生的个人特点也就不一样。根据每个学生的不同来制定不一样的教学计划，在尊重学生的基础上，让学生自己对英语学习产生兴趣。学生感受到了学习的乐趣之后，对于学习的热情就会高涨，主动学习成为学生的学习状态，学习的效率才会提升。

（2）改变教学方式和评价方式。在高校英语教学方式进行改革之后，高校英语的学习更多的是使学生掌握英语技能，了解英语语言的内在逻辑，从而为未来的语言交流奠定基础。

（3）对教材进行深度挖掘。教材在教学中发挥着重要作用，教师和学生在课堂上都会以教材为基准，进行英语学习的推进。教师对于教材，应该在课前就提前摸透，对于教材当中的难点、重点加以把握，还要尽量规避教材当中枯燥的地方，以学生感兴趣的点作为讲解切入点，引起学生学习兴趣。

3. 交际性教学的原则

交际性原则与英语教学的最终目标相一致，是高校英语教学的重要教育原则之一，交际性原则下的英语教学应注意以下方面：

（1）重视使用交际工具。在现如今的社会当中，英语作为国际通用语言，越来越得到重视，通过英语的使用达到跨文化交流的目的。高校英语的教学就是为了让学生掌握这项技能，在国际当中利用英语作为交际工具，有沟通的能力。因此，高校的英语教学应该以沟通为最终目的，以学生为教学中心，将英语的教学带入生活情境，课堂的教学也不能只停留在课本，应该让学生了解到英语学习的重要性，找到学生的兴趣点，让学生主动学习英语，快乐学习英语。除了教学方法之外，教师的个人英语能力也应该不断提升，除了在教学课堂当中，还应该多设立英语教学活动，在活动当中学习，在活动当中交流，不仅提高了学生的学习兴趣，也提高了教师的能力，让教师接受新鲜知识，提高自身素质。作为学生主要的英语交流环境，课堂的交流需要教师引导，学生积极参与。只有将英语的交流延伸到课下的情境当中，语言才能具有自己的生命力，教师应该鼓励学生在课堂下互相交流，用英语对话，给彼此创造学习环境。

（2）重视语言语境的影响。语境对学生的交际能力有很大的影响，教师应该注意在课堂创造良好的语境。尤其包括那些很常见的元素，即使它们使用相同的语言表达，但在不同交际语境之下带来的交际效果也是大不相同的。

在不同情境下，让学生扮演不同的角色来进行英语对话，这样的练习对学生的语言水平有很大的帮助，而且从另一方面能增进师生之间的交流。

二、高校英语教学的环境因素

英语教学系统还包括环境要素，环境也能对英语教学产生影响，这种环境主要是指社会环境与学校环境。

第一，社会环境因素。社会环境对英语教学的影响不小，社会经济发展水平可以影响英语教学，科学技术发展水平、社会群体等也能对英语教学产生影响。此外，社会对英语人才的需求程度更是决定了高校培养英语人才的思路与计划。社会环境因素对英语教学所产生的作用主要是一种导向作用，引导着英语教学向着能够促进社会发展与进步的方向发展。

第二，学校环境因素。学校环境不仅包括教室、教具等，而且还包括只能感知的校风班风与人际关系等，可见，学校环境的内涵是极为丰富的。教师在开展教学活动时也应该考虑学校环境的因素，为学生营造良好的英语学习氛围，增加与学生之间的互动，加强情感关联。

三、高校英语教学的主要内容

为了实现预先制定的教学目标，就需要设置恰当的教学内容。一般而言，教学内容体系丰富，不仅包括大家普遍熟悉的知识、思想、概念以及原理等，而且还包括技能、问题以及行为习惯等。于教师而言，在开展教学活动的过程中，教师必须要有一定的依凭，而教学内容就是这一重要依据。于学生而言，在开展学习活动的过程中，学生也需要有一定的学习对象，而教学内容就是学生需要理解与掌握的对象。

教学内容对于教学活动的有效开展是非常重要的。当教学内容确定下来后，教师才能制定教学计划，确定教学方法与策略，根据教学内容因材施教，这样才能培养出高质量的英语人才。因此，教学内容对英语教学也能产生影响，且这种影响的范围还非常广。英语教学内容非常丰富，主要包括以下方面：

第一，语言知识。语言知识是学生学习的基础性内容，同时也是学生进行英语语言应用的前提，如果学生没有掌握扎实的英语知识，其就无法具有较强的应用能力。

第二，语言技能。通常而言，学生在学习英语过程中必须具备四项最为基本的技能，就是大家熟悉的听说读写技能，同时，这四项技能也是学生进行英语实践活动的基础与手段。

第三，学习策略。为了促进学生更好地学习，通常教师会依据教学内容实施不同的教学策略。而对于学生而言，为了让自己能获得不错的英语学习效果，他们也会在学习过程中使用学习策略。学习策略的选择至关重要，合理的、正确的学习策略不仅能提高学生学习英语的质量与效率，更重要的是，还能让学生养成自主学习的好习惯。因此，在教学过程中，教师要帮助学生确立适合自己的学习策略。

第四，文化意识。英语教学不仅包括英语语言教学，还包括文化教学，学生接触与掌握英语国家的文化，可以帮助其了解不同国家的特色文化，更好地进行英语学习。因此，教师在教授英语语言知识之外，还要向学生传递文化知识，让学生了解文化之于语言的重要性。

第五，情感态度。学生的学习活动同时也会受到其情感态度的影响，这就要求英语教师在教学过程中要时刻关注学生的情感动态，当学生情感出现波动时，教师要及时关怀学生，给予学生安慰，让其明白英语学习与其他学习一样，都是不容易的，学好英语良好的心态非常重要，这样就帮助学生培养出了积极的情感态度。教师还要注意激发学生学习英语的兴趣，只有学生形成英语学习的兴趣，才能将在英语学习过程中将这种兴趣转变为动机，在动机的驱使下，学生就能逐步树立学习英语的信心，即使会面临困难，学生也会迎难而上。

四、高校英语教学的基本过程

教师在英语教学过程中，需要遵循以下原则：

（一）注重教学过程的兴趣性

兴趣在英语教学中发挥着至关重要的作用。因此，教师应意识到兴趣的重要性，在教学中多借鉴其他优秀的教学方法去唤醒学生的情感，激发学生英语学习的积极性，这样，学生就能更加自觉地进行英语学习。调动学生的兴趣可以通过以下方法实现：

1. 深度挖掘教材

教材依然是教师开展教学活动的主要辅助性工具，教材中涉及丰富的、系统的知识，教师在备课过程中，需要将教材中可以引起学生兴趣的内容挖掘出来，这样学生在学习时就能感受到无限乐趣，也就更加愿意学习。例如，教师可以为学生创设英语教学情境，将师生在日常生活中的问候对话搬到课堂上，使英语教学变得日常化，这些简单的、熟悉的对话能让学生产生共鸣，用英语来表述时也会相对容易一些。正是在熟悉的场景中开展英语对话，学生才能放松心态，其英语应用能力才会有所提高。

2. 尊重学生主体

教师必须认清教育的本质，了解教育是一种主动的过程，同时教师也应该放下自己所谓的固有姿态，认识到这样一个事实，那就是英语课堂的主体是学生，只有学生主动地、自觉地进行英语学习，英语教学才能取得不错的效果，而学生的英语学习能力才能有所提高。因此，英语教师要在总结学生生理与心理特点的基础上，在剖析与遵循英语学习规律的前提下，采用多样的教学方法激发学生的兴趣，让学生主动学习，主动参与英语实践互动。

（二）明确教学过程的系统性

英语教学本身就是一个复杂的系统，包含非常多的内容。因此，在教学过程中，教师要明白英语教学过程不是一蹴而就的，它需要循序渐进，只有从整体上出发，在把握系统性原则的基础上，才能够保证英语教学的有序性。而要遵循系统性，教师就需要做到以下方面：

1. 系统安排学生学习

学习活动虽然琐碎，但是若从宏观上而言，可以发现任何学习活动到最后都具有一定的系统性。因此，教师要帮助学生进行连贯的学习，让学生可以从系统的角度构建自己的英语知识结构体系。因为学生的学习意识与学习习惯养成并不容易，这就需要教师一定要有恒心，不仅在课上要时刻对学生的学习作出合理的安排，而且在课下也能对学生的学习作出恰当的安排。

2. 系统安排教学内容

英语教学内容的安排并不是随意进行的，需要教师按计划进行。教材的编排从一开始就确立了其系统性，编排者在总结教学规律与学生学习规律的前提下编排教材，为教师与学生提供了一个鲜明的结构层次。换言之，教师根据目录结构编排内容，本身就遵循了一定的教学规律。在英语教学过程中，教师对于生词和新的语法，要逐步进行，由浅入深，教学内容的安排需要以教学的系统为指导，内容安排才会更加科学、合理。

（三）教学过程的灵活多样

1. 教学模式灵活多样

多媒体教学、翻转课堂教学、移动课堂教学等新的教学模式不断涌现，让英语课堂变得灵活多样。基于信息技术的教学模式在一定程度上拓展了英语教学的空间，教师借助互联网可以搜集到更多的教学资源。同时，这种教学模式还极大地改善了学生的学习情况，不仅丰富了学生的学习内容，最重要的是，还为学生提供了更加多样的学习形式。在互联网的支持下，学生的学习活动相对变得比较容易，教师利用互联网下载文字、音频、视频等资源，为学生营造一个多样的学习环境，通过对学生进行多感官刺激，让其找到自己喜欢的教学方法，从而可以调动其英语学习的热情。在新的教学模式下，学生在学习活动中的角色也发生了明显的变化，学生不仅是自身学习任务的设计者，而且也是学习活动的合作者与评估者。

2. 教学评价灵活多样

英语教学的评价要倡导多元评价，可以不同的评价方式进行整合，以实现评价的最优化。例如，可以将形成性评价与终结性评价结合起来。评价也应该有所侧重，要将文化知识及应用等相关内容纳入评价对象体系中来。需要注意的是，评价应该是从多个层面展开的，教师不是评价的唯一主体，学生也要参与评价，可以是对自我的评价，也可以是同伴之间的评价。学生之间的互评不仅能让学生通过他人角度了解自己的学习情况，而且还能加强彼此之间的联系，维护关系的和谐，多种多样的评价方式可以让学生置身自由、和谐的学习氛围中。

考核形式也不应固定、单一，可以将开卷考试与闭卷考试结合起来的方式，也可以采取将笔试与面试结合起来的方式，相对而言，面试可能要增加符合英语的特点，教师与学生可以面对面直接交流，但在实际评价过程中，这种方式很少为教师所使用。在具体运用何种评价方式进行评价时，教师要灵活选择，可以让学生进行个人阐述，也可以让其采取小组讨论的形式，或者可以采取答辩的方式，但无论使用任何一种方式，教师都要从学生的实际情况出发，在了解学生学习情况与个人特点的基础上选择合适的评价方式，以保证评价的科学性、合理性。

第三节 高校英语的课程教学主体

一、高校英语课程教学主体——教师

教师在英语课堂上一般会充当两种角色：一种是英语课堂的掌控者；另一种是学生英语学习活动的引导者。有效开展英语教学活动，需要教师先应该拥有纯正的英语发音，英语发音对于英语学习而言是至关重要的。英语教学是教师与学生共同参与的活动，学生理应在这一活动中彰显自己的作用，所以在课堂上教师应给予学生更多的自由时间，让他们去探究。英语教师必须发挥自己的主导作用，积极为学生提供一个良好的英语学习环境。教师可以整合不同的教学方法，在结合自己教学经验的基础上，探索更加适合学生学习需求的教学方法，学生就能在自己喜欢的课堂氛围中学习英语，也能极大地激发其学习英语的积极性。

英语教师的语言运用方式也能对英语教学产生影响，为了配合学生的学习理解能力，教师在教学过程中可以根据教学情况适当降低语速，适当的重复一些话语。英语教学的过程同时也是一个在不断反馈中获得优化的过程，在这一过程中，不仅包括学生对教师教学的反馈，也包括教师对学生学习的反馈，教师利用各种测试对学生的学习情况进行掌握，根据测试的结果了解学生的学习能力，并最后将学生在某些知识点上存在的问题反馈给学生。学生接到反馈之后就能了解自己的学习不足，进而在后续学习中不断改进，最终提升自己的学习质量与效率。

二、高校英语课程教学主体——学生

（一）学生的角色类型

在英语教学过程中，学生的作用非常突出，教学的核心是学生的学习方式，教学的目的是促进学生的全面、终身发展，教学的方法是以学生为本，等等，这些都充分反映了学生在教学中的参与。认识英语教学是不能忽视学生在其中所扮演的角色的。学生的角色主要有以下方面：

第一，主人。学习活动是一种知觉的活动，教师在其中只是起到引导与促进作用，学生才是学习的主体，其主动的学习才是提升其学习能力的关键。学生将自己当作学习的主人，自觉安排自己的学习计划，制定自己的学习目标，寻找适合自己的学习方法，形成良好的学习习惯，这些都能帮助学生最终建立起属于自己的知识结构体系。

第二，参与者。教学是教师与学生双向互动的过程，学生也应该是教学的主要参与者，因此在教学过程中，教师要注意提升学生的学习兴趣，激发其积极性，让其可以更加主动地参与到英语教学中来，积极给教师提供教学意见。

第三，合作者。英语学习活动不是学生一个人的独角戏，它可以是一群人的群体行为。因此，在个人学习活动之外还有小组学习活动。在学习小组中，当学生遇到不懂的问题时，其他同伴就可以为其解答，更重要的是，在共同探究问题的过程中，学生还能开阔自己的学习视野，学到不同的学习方法。

第四，反馈者。教学是一种反馈的活动，教师将知识传授给学生，学生根据自己的理解、消化情况向教师进行反馈，以便教师可以优化教学计划、目标，增强英语教学活动的开展效果。

（二）学生的个体差异

对于教育而言，其最根本的目的就是培养人，培养全面发展、终身发展的人，这就要求教育者要对学生情况有全面的掌握，既了解学生的生理、心理发展规律，又清楚不同学生之间的差异。每个学生都是独立的个体，他们在学习活动中所表现的特征都是不一样的，其学习动机、性格等都会影响其学习的效果。因此，教师应根据学生的个体差异开展教学，这样英语教学的有效性才能尽早实现。学生存在的主要个体差异如下：

1. 不同的学习潜能

英语学习认知系统内涵丰富，学习潜能是其重要组成部分，展现的是受教育者的能力程度。而对于英语学习而言，则是指学生是否具备学习英语的天赋。通常而言，教师在开展英语教学活动时需要了解学生的英语水平，而学生的学习潜能则可以很好地将这种水平展现出来。

学生在英语学习上的潜能主要表现在四个方面：①是不是具有对英语语音进行编码与解码的能力；②在对英语基础知识学习完毕之后是不是具有归

纳的能力；③英语学习中充满大量的英语学习，是不是具有对英语语法习得敏感性；④英语词汇是有规律可循的，是不是具备通过联想进行词汇记忆的能力。每个学生的学习潜能也是不同的，因此在实际的教学中，教师应考虑每一个学生的实际情况，这样才能将学生的最大潜能激发出来。

2. 不同的智力水平

智力也是认知系统的一部分，不过，它是一个综合体，将观察力、想象力、记忆力与逻辑思维能力进行整合，该能力是能够外显出来的，有用高智力的人往往能快速识得问题、解决问题。学生在智力水平上的差异，也会在一定程度上影响英语教学。因此，教师不能忽视智力对教学的影响，要对每一个学生的智力水平有清楚地掌握，这样就可以在制定教学目标、方法与策略时更加灵活、科学。学生也应该对自己的智力情况有所了解，在清楚自身智力情况的前提下，学生可以选择更加适合自己的学习方法，从而实现学习效果的最大化。

3. 不同的学习风格

学习风格的形成不仅只是个人经验影响的结果，客观环境也能对学生学习风格的形成，即在一定的条件之下，学生的学习风格是可变的。不过，根据不同的标准，学习风格可以有以下分类：

（1）按照感知方式来分。在具体的学习过程中，学生肯定会运用一些感知方式，而由于学生个体在很多方面都存在差异，所以他们在感知偏好上也差异显著。按照学生感知方式的不同对学习风格进行分类，可将其分为三类，分别为听觉型、视觉型及动觉型。

（3）按照认知方式来分。人们在学习过程中总会涉及一些新信息与新经验，而对这些内容进行分析、组织与整理的方式就是认知方式。每个学生在学习过程中所展现的认知方式与思维方式是不同的，所以，根据学生的认知方式的不同对学习风格进行划分，可将其划分为：场依赖型与场独立型、整体型与细节型、左脑主导型与右脑主导型。以学习者对自身情况是否依赖划分为场依赖型与场独立型。

4. 不同的学习动机

从本质上而言，学习动机是学生在学习过程中所产生的一种心理状态，它能激励学生掌握科学的学习方法，向着自己目标前进。根据学生学习动机的不同对学习风格进行划分，可将其划分为深层动机与表层动机、内在动机与外在动机。

（1）深层动机与表层动机。根据的刺激——反应理论，可将学习动机划分为两大类，分别为两类：第一类为深层动机，是一种学生为了追求自己的非物质层面的需要而产生的动力，这方面的需要不仅包括兴趣需要，而且包括丰富知识体系的需要；第二类为表层动机，是一种学生为了追求表面物质需要而产生的动力，这种需要主要表现为高报酬、好职位等。

学习动机与学习目标的关系是极为密切的，动机发生变化，目标往往也会发生变化。对于英语学习而言，那些具有深层英语学习动机的学生不仅要求自己可以扎实掌握英语基础理论知识，而且还要求自己能够具备较高的英语应用能力，很明显，他们对自己的英语有着非常高的要求，在学习英语的过程中总是充满着饱满的热情。

（2）内在动机与外在动机。根据动机的来源不同，可将学习动机分为两大类：第一类为内在动机，英语学习者从自身激发出来的对学习的兴趣，该动机不仅保持学习的持续性，而且还能保持学习的独立性；第二类为外在动机，在外在条件的影响下，学生不得不进行学习活动，有时甚至可能会让学生失去对学习的兴趣。

在学生学习英语的过程中，动机依然对学生产生不小的影响。通常情况下，具有内在动机的学生不会因客观条件的影响而放弃英语学习，这主要是由两方面的原因导致的，一方面是因为他们学习英语是从兴趣出发的，具有自发性；另一方面是因为他们对英语学习的态度是诚恳的、积极的。具有外在学习动机的学生会受到客观条件的影响，它所有的英语学习活动都是被动的，这让其无法感受到学习英语的兴趣，长此以往，他们可能会丧失学习英语的仅有的热情。

学习动机与学生英语学习效果呈正比关系。如果学生的学习动机特别强烈，那么往往会有着明确的英语学习目标，在学习过程中，他们会向着这一目标努力奋进，会积极投入到英语学习中，最后其也能获得很好的学习成果。而那些学习动机比较弱的学生，他们始终无法确立坚定的英语学习观念与目标。因此，他们在英语学习上往往没有太大的积极性，最终他们也就无法获得较好的学习成果。

三、高校英语课程教学主体——方法

教师选择教学方法的目的，是要在实际教学活动中有效地运用，具体包

含以下方面：

（一）丰富并调整教学方法

在高校英语教学实践活动中，每一种课型、每类问题，都有其自身的特点。教师在教学实践中，都不同程度地积累了自己富有实效的应对方法，这些方法也许是学来的，也许是自己创造的，但都有一个共同的优势，那就是适合自己的特点。选择怎样的教学方法要看它是否适合眼前的学生、是否符合新的教材和大纲要求，新的年级、其他班级的学生、别的教师等能否应用，不能用又将如何修改、调整，这些也是教学方法积累中必须要考虑的。

（二）吸取优秀的教学方法

在高校英语教学实践活动中积极吸收优秀的教学方法是每一个教师的愿望，目前在国内外，存在着大量的经过实践证明是行之有效的教学方法，这些方法通过不断地应用并在实践中检验、论证，日臻完善，如电化教学法、引探教学法、发现教学法、建构主义教学法等，与传统的教学法相比已有许多新的发展。根据教学实际的需要，吸取已有的教学方法为自己的教学所用，是应该提倡的。应用中要注意遵从教学策略的要求，要适合高校英语教学的实际条件。

（三）组合恰当的教学方法

在高校英语教学活动中，依靠一种教学方法往往难以完成任务，这就需要各种教学方法的搭配或有机组合。可以一法为主，多法相助，如利用演示法教学时应有谈话法作为补充，也可以用其他方法来补充某种方法的不足。在组合、搭配教学方法中往往存在着方法之间的问题，从而影响解决问题的效率。在具体的教学中，应使所需要采用的多种方法构成有机的整体，以便更高效地解决问题，这就是已有教学方法的有机组合，也是形成教学策略的又一重要途径。

（四）对已有方法进行改造

由于实际中的主客观条件不同，原有的教学方法可能无法实现教学目标，那么要想更有效地完成教学任务，就必须改变原有的教学方法。在高校英语教学中，采用自学辅导教学法，是在教师的指导下，通过阅读教材的课文和例题，在已有知识的基础上通过自学、自练、自己批改作业等手段达到学习目的。在素质较好的班级中，教师就可以大胆放手，让学生按规定目标，自觉参与学习并完成学习任务，这时可以是学生自学为主，教师指导为辅。

（五）构建新型的教学方法

为了不断适应新的社会环境和新的教育观念，为了各学科知识体系的不断更新和教学条件的不断改善，教学方法也必须有新的发展。在高校英语教学实践中，在充分吸取原有教学经验的基础上，激发学生学习兴趣和求知欲，强调教学应该教学生如何学，促进学生个性的发展。

四、高校英语课程教学主体——模式

随着教育质量的改革，高校英语教师必须创新自己的教学方法和全面提升英语教学质量，选择最有效的教学方法来提高教育质量，帮助学生的英语水平进行的全面提升。

（一）内容型教学模式

内容型教学模式与交际法具有相同的心理学和语言学理论基础，是交际教学法的一种。与交际法不同的是，内容型教学模式关注学习输入的内容，主张围绕学生需要掌握的课程组织语言教学。因此，可以将内容型教学模式定义为：一种主张围绕学生所学的学科内容而展开教学的交际语言教学形态，它强调围绕学生需要获得的内容或信息，而非语言或其他形式的大纲组织教学，以达到内容教学和语言教学互相促进、共同提高的目的。内容型教学模式的语言观主要有以下方面：①语言是一种获取信息的工具，而信息是在语篇中建构和传递，因此语言教学要以语篇为基础；②在现实生活中，听、说、读、写四项技能是不能分开使用的，语言教学也应把四项技能综合起来培养；③语言的使用是有目的的，学生在学习过程中要清楚所学语言材料的目的，并使之与自己的目标联系起来。内容型教学模式强调关注语言技能以外的能力和素质，因为语言本身是一个符号系统，是一种排列组合，本身的深度和美感来自"运载"的内容。

1. 内容型教学模式的原则

关于学习理论，内容型教学模式有一个核心观点：语言学习不局限于语言本身，而是作为一种了解信息的途径，语言学习才能成功，这个核心原则衍生出以下主要原则：①当所学习的内容被认为有趣、有用且能够指向预期目标时，学习的语言习得才能成功。因此，增大学习效果，必须要加大学习内容与学习者的实际需要联系。②有针对性地进行高校英语教学，才是良好的教学，符合学生需要的教学，才会取得好效果。内容型教学模式强调学习的内容要有针对性，必须符合学生的需求。尤其在有特殊用途或学术用途的培训课程时，更要充分考虑学生具体的行业需求或学术需求。③教学要在学习者已有经验之上进行，教学要充分考虑到学生进入课堂时已经具备一定的学科高校英语知识。

2. 内容型教学模式的应用

内容型教学模式的倡导者开发了多个中国企业品牌竞争力指数（CBI）①项目，探索出多种教学模式，并将内容型教学理念描述成一个连续体，一端是内容驱动型教学；另一端是语言驱动型教学，在两极之间存在多种教学模式，使语言与内容有着不同权重。在完全和部分沉浸式教学过程中，内容是主导，二语是媒介，正规的学校课程是教授内容，它的有效性更多地取决于学生对内容的掌握，而语言的掌握是一个副产品。保护式教学的授课对象是非本族语者，由学科领域专家担任教师，但在授课过程中需要关注学生的英语水平，调整教学话语使教学内容更容易被学生理解。

教师还需要选择适合于学习者难度的教学材料，并根据学习者的语言能力调节课程要求。附加式教学强调语言学习和内容学习同等重要，附加式教学中的语言和内容融合可以通过团队合作实现，即语言教师负责学术读写等语言技能，内容教师则负责学术内容的讲授。主题式教学通常在二语或英语教学情境中进行，课程大纲围绕主题或话题，最大限度地利用内容传授语言技能。偏向于内容驱动型的教学模式要求学生具有中级或更高的语言水平，以及相关的学科内容知识；偏向于语言驱动型的教学模式与传统的语言教学更为相似。

内容型教学模式秉承"做中学"的教学理念，鼓励学生进行自主学习、合作学习和体验学习，要求学习者扮演积极的角色，积极地理解输入材料，有较高水平的歧义容忍度，愿意探索新的学习策略，多角度阐释口头或书面语料。学习者可参与学习内容和活动方式的选择中，为学习内容提供资源。学习者要对内容型教学有十足信心，积极适应新的角色，成为一个合作型的、

---

① 中国企业品牌竞争力指数是能够反映中国自主企业品牌整体竞争力水平的体系，涵盖财务、市场、潜力及客户四个指标，对中国自主品牌建设评估和预测具有重要作用。

参与型的自主学习者。内容型教学模式通常选择真实语言材料作为教材，真实性一方面指本族语学习者所使用的教材；另一方面指源于报纸或期刊文章，并非为语言教学目的而编写的材料。

（二）交际型教学模式

英语教学水平和研究水平的提高，既得益于语言学理论研究的进步，也是人们进一步认识语言本质的结果。人和人之间交流的是语言信息，语言属于信息系统，也是人类在交际过程中必不可少的工具。有交际才有语言，语言教学的目的不仅在于提高交际能力，还在于解决交际问题。因此，"高校英语课程教学既要传授给学生语言知识，也要培养学生的语言交际能力和交际能力"[1]。大部分语言教学理论都认为让学习者具备良好的语言交际能力，才是语言教学的目标。因此，交际是高校英语的教学方向，即在交际过程中提高学生的口语运用能力。

在高校英语教学中，策略能力、语法能力、话语能力和社会语言能力都属于交际能力范围，其要求学生不仅具备一定的交际手段和良好的语言表达能力，还要求他们掌握一定的交际规则。人们常用口语和书面语两种语言交际方式，而口语和书面语正是这两种交际方式存在的区别。书面语能力通常指英语交际能力，但无准备性、对可视情景的依赖性、交际的直接性、手势及面部表情的使用性、相对独立性等，又是英语交际能力具备的特征。因此，口语交际本身的特征比较特别，但在交际时则强调互动性。

1. 交际型教学模式的原则

教学的场景和内容、学生和教师共同构成英语口语交际教学系统。教学信息通过这些构成要素，实现在教授系统和学习系统之间的切换，因此也推动这个系统的发展。信息在英语交际教学过程中并不是一直存在，师生在这个过程中要遵循相应原则，并且创造良好的交换环境。

（1）意义原则。意义是交际教学法的核心，因为人们在用英语沟通的过程中，重点并不在于语言的正确与否，而是在于意义的传达是否到位。教师在进行交际教学时，尽量不要对学生在语法上出现的每一处错误都给予纠正，而是应该增加容忍度。教师应意识到，无论是语言学习还是其他学科的学习，

---

[1] 王璐. 高校英语交际教学模式浅谈 [J]. 西部素质教育, 2017, 3 (22): 184.

都是在错误中取得进步。

（2）互动原则。英语交际的重点在于交际，双方在交际过程中的沟通都是以口头语言为主。因此，"交际"应该与听说一样，成为口语交际教学的重点，让课堂教学中的信息实现双向互动或是多向互动。在英语交际教学活动过程中，教师要始终以学生为中心，保证学生在交际活动中的主体地位。教师也要让自己成为平等的参与者，实现师生间的平等交流。

（3）平等原则。交换和传递信息的人都是参与口语交际教学的主体，而且他们都是有意识且具有能动性，其实是交往活动。他们在这个活动中始终保有积极状态，也说明这个过程并不是强制性的、没有互动的单边活动，而是主体之间始终有交流的双边活动。保证教师和学生之间实现平等，英语教师要始终以学生为中心，让学生成为课堂活动的主体。首先，在英语交际教学过程中，教师应及时鼓励学生，让学生发挥自身具备的资源优势，与教师共同进行信息的交流和沟通；其次，在英语教学活动过程中，教师应充分意识到学生群体是充满了充沛的情感和无限的个性，每个学生在人格、语言表达和认知方式上都存在不同。教师要做的是对学生自身具备的情感和人格给予充分尊重，才能让公平和平等出现在口语交际教学活动中，也是双向或多向交往的前提。

2. 交际型教学模式的应用

（1）掌握听的技巧。听是英语交际的重要组成部分，交际的双方可以选择和调整自己的说话方式，却不能改变别人的说话方式，无论对方是怎样说的，从交际和沟通的角度而言，都要求听话者能听懂。在课堂教学中，学生要听教师的讲授、回答教师的提问，倾听同学的发言，这些都要求学生掌握听的技巧。因此，口语交际教学要教会学生成为一名合格的"倾听者"，只有听清楚、听明白，才能提高说的质量。

（2）掌握说话的技巧。听和说在口语交际过程中不可分离。说话的目的不仅是为了传达信息，还是为了表达思想。成功的口语交际需要高超的说话技巧，而说话技巧也体现在说话的连贯性上。训练学生说的能力，应从敏锐的感知力、高度的注意力、快速的记忆力、深刻的理解力、丰富的想象力、正确的品评力等方面着手。

第四节　高校英语教学的学科融合

英语教学的学科融合是在英语学科知识性与工具性的基础上,完善高校英语课程结构的有效举措。下面以"新文科视域"为背景,探讨高校英语教学的学科融合。

一、高校英语教学学科融合的目标

"新文科视域下英语教学学科融合的核心在于英语学科与不同学科的交叉融合,新文科理念的运用扩大了交叉融合科目的范围,英语学科除了能够与人文社科学科交叉融合之外,还可以与医学、工科、农学等学科进行充分融合"[1]。新文科视域下,英语教学学科融合需要关注国家发展与社会需求,同时根据高校实际情况,有效平衡英语学科与融合学科建设的时间、人力投入,兼顾人文性与工具性,推动英语教学水平提升。

(一)英语学科与融合课程建设要并重

新文科视域下英语教学学科融合工作的开展需要站在文理所有学科的角度,推动英语学科建设质量的优化。首先,坚持英语学科与融合课程建设相结合。新文科背景下英语教学学科融合需要明确英语学科建设与融合课程建设的联系,即二者一荣俱荣、一损俱损,将英语学科与融合课程建设紧密结合。其次,提升英语学科与融合课程建设水平。高校要通过调研、资料收集、学习借鉴其他院校专业建设经验等方式提升英语学科与融合课程建设质量。

(二)学科融合要兼顾人文性与工具性

新文科视域下英语教学学科融合是突破传统思维模式,促进英语学科与其他学科交叉融合的主要途径。高校领导与教师要在充分理解新文科这一理念的前提下,以英语学科知识与技能为基础,融合目标学科的专业知识,在关注英语学科人文性的同时,明确融合目标学科知识点,发挥融合目标课程

---

[1] 刘晓娟. 新文科视域下英语教学的学科融合实践探索 [J]. 阜阳职业技术学院学报, 2022, 33 (3): 39.

建设的专业性。高校英语学科作为高校重要的通识性课程，其教学内容中的听说读写部分具有一定的工具性，可以考虑与历史政治结合，丰富学生的英语知识储备。以高校商务英语课程为例，商务英语课程的构建与教学需要兼顾学生商务英语听说读写等能力的培养以及金融、法律、贸易等知识的掌握，同时适当加入其他国家商业贸易故事，深化学生对国外经济的了解，提升商务英语课程的人文性。

二、高校英语教学学科融合的路径

（一）明确英语教学学科融合的精准定位

新文科视域下英语教学学科融合需要明确课程定位，为后续工作的开展指明方向。首先，高校要突破传统英语语言类学科人才培养定位的限制。新文科视域下英语教学学科融合定位要避免英语学科人文性特点的影响，不仅要与文学、管理学等传统人文学科相结合，而且要与医学、农学、理学等专业课程相结合，培养适应时代发展要求的高素质人才。其次，高校要重视英语语言知识技能的基础地位。在新文科视域下高校英语教学学科融合课程定位的基础上，高校需要同等重视英语知识技能与目标融合课程知识，发挥英语融合课程建设中英语知识的关键作用。最后，高校要结合实际，突出区域特点。英语教学学科融合定位需要考虑高校的教学资源、实习力量与生源质量，避免盲目定位及定位无法落实等情况的发生。

（二）加强英语教学学科融合的教材建设

教材是英语教学学科融合的重要载体，与英语教学学科融合方案的制定、学习内容的确定具有直接关系。首先，高校要更新教材理念。高校可以组织专家、一线英语教学工作者与其他学科教师进行交流研讨，更新英语教学学科融合理念，兼顾英语学科与其他学科的人才培养目标和教学需求。其次，高校要完善教材结构。高校要围绕立德树人这一根本任务，对英语教学学科融合课程教材建设目标进行优化，在提升学生英语融合课程教材专业水平的同时，关注学生思想意识形态教育，以思想教育为支点，推动英语学科知识与融合专业课程内容有效结合。最后，高校要平衡英语知识与融合课程教材的比重。教材编写专家以及工作人员要寻求英语基础知识与融合专业内容之间的平衡，通过挖掘二者之间的共同点提升英语融合学科教材内容质量，避免将英语知识与融合专业课程内容简单拼凑情况的发生。

（三）完善英语教学学科融合的具体策略

新文科视域下英语教学学科融合并非在原有英语专业课程中加入新的课程内容与教学方法，而是将英语学科与其他学科交叉融合，进一步推动英语学科建设质量与学生英语水平的提升。首先，高校要加强国际合作。英语作为世界上使用范围最广的语言，带有人文性、民族性等特点，高校要加强与国外其他高校的交流合作，学习国外高校学科融合的经验与思路，在综合考虑本校实际情况的基础上积极调整英语教学学科融合方式，提升英语教学学科融合质量。其次，高校要深化校企合作。新文科视域下英语教学学科融合是为满足国家发展与企业需求而进行的一项教学尝试，高校要深化校企合作，了解企业的英语人才需求，通过与企业交流沟通明确企业人才专业知识及英语水平方面的要求，不断调整英语教学学科融合的教学内容，完善学生英语知识结构，提升学生英语水平与专业能力，满足企业人才需求。最后，高校要英语学科结构重组、整合、优化。新文科背景下英语教学学科融合不仅要着眼于国际与企业，而且应关注高校内部的学科与专业。高校可通过举办专家讲座、构建教学研讨机制等形式加强高校不同专业学科教师之间的交流，在听取本校师生意见的基础上对英语学科与其他专业学科进行结构重组，不断丰富高校课程类型，优化学生英语知识结构。

第二章　高校英语学科的思维建设方向

第一节　高校英语学科的学习思维

一、高校英语学科的学习思维辨析

（一）通过故事渗透培养英语学习思维

故事类教学素材对学生有着独特的学习吸引力。加强英语课堂教学故事渗透，能够为英语学科教学注入全新活力，充分调动学生英语课堂学习思维的积极性，扩展学生英语学习的思维广度，促进学生英语学科思维多元发展。高校英语教师应具备较强的教学资源开发、整合意识，根据学生成长个性需求，灵活选择故事类教学素材的投放时机，培养学生英语学科的观察思维、迁移思维、逻辑思维、发散思维、动态思维，提升学生英语综合素养。

1. 在词汇中渗透故事，调动学生的观察思维

词汇知识是英语学科教学最基础也最重要的教学内容。传统英语词汇教学中，教师习惯采用反复诵读、识记的"死记硬背"式教学方法，教学效率较低。因此，教师可以将词汇知识与故事情境结合起来，配合新颖有趣的故事内容，使词汇知识变得生动有趣。英语课堂的词汇知识以新内容为主，教师可以为学生提取故事中的词汇知识，并提供丰富的感性认知素材，调动学生的观察思维，引领学生顺利形成对新词汇的表象认知。教师在词汇教学中渗透故事素材时，要筛选理解难度较低的故事素材，以趣味性、生动性、直观性为主要原则，让学生专注于词汇知识初步感知和理解应用。

2. 在会话中讲述故事，激发学生的迁移思维

教师在英语课堂会话演练环节对接故事教学，组织学生通过创编英语会话学习任务，能够激发生本迁移思维。每节英语课堂中都或多或少包含一些会话教学内容，教师可以改变让学生重复诵读会话的教学模式，把这些会话演练内容融入真实具体的故事当中，促使学生深刻把握所学英语知识的应用场景。教师可以立足学生英语会话学习认知起点，先引入一些会话内容密切相关的故事素材，为学生自主创编提供参考，再引导学生完成自主创编、合作创编学习活动，推动学生英语学习迁移应用。教师深潜教材当中，以课堂教学的重难点知识为抓手，切入故事创编演练活动，启动学生英语迁移学习思维，帮助学生顺利突破这些重难点知识内容。

3. 在讨论中引用故事，强化学生的逻辑思维

高校英语课堂的优质教学离不开高品质的交互活动做支撑。教师可以有意识地增强英语课堂教学的协作性、交互性，在优化师生交互模式，加强对学生英语学习思维启发引导的同时，科学开展讨论交流学习活动，提高学生英语课堂交互频率和交互成效。在具体操作时，教师可以将故事作为讨论学习的导学素材，依托紧密切合课堂教学英语知识的故事内容，启发学生从中提炼关键词汇、句型等知识要素，锻炼学生的英语学科综合性应用思维。教师应加强课堂讨论环节的思维引导，关注学生在课堂讨论时的表现，通过投放故事、思考问题、讨论学习任务等方式，促使学生紧密围绕故事主线展开讨论学习，从而提高学生英语学习的效率。

4. 在训练中推出故事，提升学生的发散思维

故事素材有着很强的可拓展性，在英语学科教学中可以广泛渗透于多维度的语言训练活动。依托故事素材的独特教学优势，加强英语故事与各类训练活动的对接融合，充分发散学生英语学科学习思维，培养学生创造性学习的学科能力。教师要做好故事教学资源的发掘整合，组建内容丰富、涵盖面广的故事教学资源库，筛选投放难度不一、类型各异的故事素材，为学生英语训练提供丰富的感性认知素材，助力学生英语学科应用能力发展。教师要树立生活化教学意识，在训练中推出生活气息浓厚的故事素材，从而创造出更加真实的语言应用场景，彰显英语知识的使用价值，实现英语学科教学的"学以致用"。

5. 在实践中搜集故事，构建学生的动态思维

英语教师应高度尊重学生的主体地位，在加强故事教学资源整合投放的基础上，也要将学生作为故事资源开发的主体，使学生切身参与到故事资源的搜集中，拓宽学生对英语学科的认知视野。大学生的英语认知体系相对完善，也具备自主完成信息搜集和整理的学习能力。教师可以增强实践活动的开放性，创意设计一些与课堂教学内容、社会热点事件、节日主题活动等相关的实践学习项目，组织学生利用信息网络，完成这些故事阅读素材的搜集整理，构建生本英语学科动态思维。教师要做好实践教学活动的长期规划，将搜集故事的实践活动作为定期开展的一种常态化教学内容，保持学科实践训练的连贯性和持续性，从而推动学生英语信息整合能力及阅读能力的动态成长。

（二）通过范例教学培养英语学习思维

"范例教学"[①]理论是由德国的教育实践家瓦根舍因提出的，是借助精选教材中的示范性材料，使学生掌握规律性的知识和能力的教学理论。教师可将"范例教学"理论运用于词汇、语法、写作等教学中，激发学生的学习兴趣，培养学生英语的探究和思维能力。

第一，范例中学词汇，归类中拓思维。词汇是英语学习的基础，构词是有规律可循的。单词由词素构成，词素派生出词义。如果掌握了词素，懂得了基本的构词方法，就能在规律中转被动记忆为主动理解。例如，在范例教学中，首先让学生观察一组词：fool（n.）foolish（adj.）、child（n.）childish（adj.）。学生通过观察之后总结出：后缀 -ish 可加在部分名词后帮助构成形容词。通过多类别的范例示范，学生主动地获得构词规律，知识也得到了迁徙，使他们认识到英语词汇并不是由一些字母随意堆砌而成的，而是由一个个有意义的词根、前缀、后缀组成的。其次联想归类词群也可帮助拓展词汇。例如，教师给出 transport 一词，让学生头脑风暴学过的有关交通的词汇，如 taxi、metro、plane 等，然后教师再补充一些相关的新词汇。同样，给出主题词汇 fruit，学生可联想出 pear、strawberry、mango 等。在范例中利用词汇之间的内在联系，学生可以探求规律，进行归类学习，从而获得一些知识。

---

① 范例教学亦称示范性教学、范例方式教学、范畴教育，是借助精选教材中的示范性材料，使学生从个别到一般，掌握带规律性的知识和能力的教学理论。

第二，范例中悟语法，操练中获知识。英语语法教学不能一味地让学生机械操练，而应该将语法的范例和情境紧密联系在一起，有助于学生举一反三，进行学习迁移和实际运用。教师在运用"范例教学"时，要整合教材并选择有示范作用的典型事例和学习材料。这些材料要有利于学生发现规律、探究总结和拓展思维。

第三，范例中谋篇章，细节中促表达。在英语教材中 Task 板块是单元最终成果的展示，每一篇文章就是一个范例。教师可通过引导学生对这些文章的内容和结构的分析，从而帮助学生明确写作思路，理清篇章结构，活用典型例句，并以此为契机，学会类似题材作文的写法。教师可先让学生观察范例文章，然后组织学生探索类似题材作文的写作规律。例如，介绍一个国家或城市，可以通过介绍概况、历史、名胜古迹和特色来展开。在此基础上，教师可让学生以各自感兴趣的国家或城市为主题，按照范例的要求列出写作框架，丰富细节描述。在框架和细节的帮助下，教师再补充增强文章逻辑性的副词或连词，如 also、such as、so、moreover 等供学生参考。这些词汇适时地被运用在写作中，使文章条理清晰又富于变化。范例教学就是让学生在范例中探求规律，在规律中学会解决问题。游记、人物介绍、求助信等也都有相似的框架结构可供学生去探究、发现和总结。教师可以利用"范例教学"引发学生对同类作文的"共鸣"。

"范例教学"主张用典型的、带有基本性的教学材料作为示范，通过师生、生生间的讨论与探究，获得共性认识，总结出一定的规律，学生再通过实践运用，将这种认识和规律进一步迁移。因此，在英语教学中，教师要灵活地将"范例教学"理论运用于课堂教学，通过"典型示范—探究总结—运用提升"的方式，开拓英语教学的新思路。

二、高校英语学科的学习思维模式

（一）创新思维与英语学习

1. 创新思维在英语学习中的作用

学生学习英语的过程不是简单的知识积累，而是要通过对知识的消化掌握，形成和纳入自己的知识体系，并熟练进行运用。这就要求在英语教学中主要培养学生的创新思维能力，注意运用各种创新思维的教学方法。运用创新思维的教学方法可以培养学生的创造性思维，强化学生在听课过程中的反思意识，建立和谐互动的师生关系，营造创新求索的教学氛围；同时运用创新思维还可以激发学生学习的主体意识，培养学生自主学习的能力，使学生加深对知识的理解和运用。

2. 创新思维在英语学习中的运用

（1）发散思维在英语学习中的运用。发散思维又被称作多项思维，是创新思维的一种类型，也是创新思维的核心内容，发散思维就是通过想象和联想来发现事物的新领域、新方法、新观点。因此，教师要在英语教学中运用发散性思维，可以通过设计一些适宜发散思维的多媒体课件，设计一问多答、举一反三的问题。例如，在学习了"pay attention to"这个词组之后，教师可以让学生进行发散性的思考：还有什么别的词组可以代替这个词组？有些学生会举出"focus on"，有些学生会举出"aim at"等，然后教师可以进一步提问这些词句的具体区别。又如，在学习了"salary"这个词之后，教师可以让学生比较"Income、salary、wage、pay"等词的词义区别，鼓励大家发散性地去思考问题。教师还可以让学生尝试着用学过的词语去解释新学的生词，加深学生对新知识的理解。通过发散性思维在英语教学中的运用，可以使学生克服静止孤立思考问题的习惯，克服思维定式的消极影响，从而提高学生运用英语的能力。

（2）求异思维在英语学习中的运用。所谓求异思维，就是从同一材料中探求不同答案的思维，在课堂学习中可以要求学生用不同的语言表达同一内容，用不同的方法解答同一问题，从不同的角度分析同一人物形象，用不同的观念阐述同一作品的主题等，这些都是训练求异思维的活动。求同思维适用于学生学习的共性因素，而求异思维则更容易适合于学生的个性心理差异，使学生更深入细致、灵活变通地掌握知识和解决实际问题。在英语教学中要主要运用求异思维，这是因为学生正处于心理、生理发育的最快时期，他们好奇心强，求知欲旺盛，喜欢求新存异，有一定叛逆的特征。这些都是在英语教学中运用求异思维的基础，英语教师在进行教学时，要抓住学生的这些心理特点，鼓励学生对问题发表自己的看法，激发学生的求异思维。

（3）创意思维在英语学习中的运用。所谓创意思维，就是通过视觉和感觉神经将记录下来的信息储存，然后将不同信息进行分类消化溶解到本体思维中，而当新信息涌入时，本体思维就会迅速对新信息进行逻辑判断，使本体思维在不断地注入新信息的同时产生变化，从而形成新思维的一个过程。在英语教学中运用创意思维，可以充分地借助现代信息技术和多媒体技术等教辅手段，设计多媒体教学课件，让学生对学习的内容有直接的感官认识。在使用多媒体课件进行英语教学时，要力求课件的作用能够达到使学生的形象思维转化为抽象思维，由感性认识上升为理性认识。教师要在教学中对学生进行指导，让学生对学习的材料有充分的认知，同时把要教授的知识点融入课件之中，在学生观看的过程中，对其进行引导和启发，加强与学生的互动沟通。

（4）逆向思维在英语学习中的运用。逆向思维是对司空见惯的似乎已成定论的事物或观点反过来思考的一种思维方式，这种思维敢于"反其道而思之"，让思维向对立面的方向发展，从问题的相反面深入地进行探索，树立新思想，创立新形象。当大家都朝着一个固定的思维方向思考问题时，可以朝相反的方向思索，这样的思维方式就叫逆向思维。

在英语教学中运用逆向思维，就必须要求教师解放思想，敢于突破原有的一些思维定式。如在教学中，教师不一定要严格按照大纲规定的教学进程，从 UNIT 1 开始教起，教师完全可以按照自己的教学思路，在确保学生可以接受的情况下，从有利于教学开展的单元开始教学。又如新一轮课程改革后，教学的内容分为必修和选修两个部分，必修的内容不一定要花较多的课时进行学习，选修的单元也可以相对多花时间进行学习。

综上所述，高校英语教学中创新思维的运用对于培养学生的创新思维能力、激发学生学习的主体意识、建立良好的学习氛围和师生关系具有重要的作用。因此，教师应注意多角度、全方位设计各种问题，激发学生的发散、求异、创意、逆向等思维，从而使学生对学习的知识由感性认识上升到理性认识，充分发挥学生在英语教学中的主体性作用，让学生根据所学的知识去创造、去探索，教师则要在学生创新、创造的过程中给予其必要的启发与指导，从而进一步增强他们学习和运用英语的能力。

（二）模仿思维与英语学习

1. 模仿思维在英语学习中的作用

英语教学的目的是使学生掌握一定的英语基础知识，培养学生在实际交际中熟练运用英语的能力。因此，应该在教学中改变以教师为中心，偏重语法结构的分析、讲解及机械的句型练习的教学模式，采取以学生为中心的模式，加强训练指导，指导学生多模仿英美原声，让学生体验纯正英美发音和地道的语音语调，最后升华内化为学生自己的特色。

（1）多听多读，注意知识输入。听读是人的大脑对知识输入的过程。如果学生能够经常大声朗读英语，便能够促进其记忆，有助于英语学习的提高。同时，英文是典型的拼音文字，与汉语大不相同，学生通过大声朗读便容易懂得拼读的技巧和规则。当然，为了更好地提高朗读效果，学生在朗读前一定要多听几遍，然后试着模仿，逐渐培养自己的语感。而要想有较大收获，就必须做到每天坚持听读，这也符合语言学科的特点。

（2）大胆开口，强化知识输出。有了听读作为铺垫，学生还要多讲多说。因为开口讲话正是语言的输出，只有语言的输出足够多，才能真正学会一门语言。作为英语教师，应尽可能多地为学生创设机会，让学生开口说英语，使学生克服怕说错怕丢人的心理障碍，让他们不但在课堂上可以大胆地用英语交流，在课余时间也能积极大胆地用英语相互交谈。可以在班级尝试性地做英语角，每期给学生一个主题，任凭学生自己发挥，说错不要紧，就是锻炼学生开口说英语的胆量，这可以激发学生学英语的积极性，使学生对英语学习产生极为浓厚的兴趣，从而提高口语交际能力。

（3）扮演角色，强调兴趣推动。兴趣导航，事半功倍。教学中，可以尝试性地让学生进行角色扮演的游戏，为他们创设最真实的语言环境，让学生能够灵活运用所学语言处理实际问题。

2. 模仿思维在运用时的注意事项

（1）选择正确清晰的英美原文。利用软件的跟读来训练自己正确的语音语调，提高流利程度，培养英语语感，这是模仿的必要手段。在指导学生选择听力材料时需十分谨慎，为学生把好关，免得学生把宝贵的时间、精力浪费在模仿错误的材料上。

（2）大声模仿，注意总结。大声模仿，这点特别关键。模仿英美原文时一定要大大方方，清清楚楚，注意指导学生口型要到位。当然，学生刚开始模仿不可能像外国人说得那样流利，此时应指导学生把语速放慢，慢速模仿，只有发音到位，口腔打开，音发准了以后，才可以逐渐加快速度，并逐渐采用中速和快速，最后直到脱口而出流利的口语。

（3）反复、仔细模仿，最后升华内化。英美原声的英语固然优美，但那不是一朝一夕就能够达到的，模仿时一定要有耐心、恒心和信心。模仿的练习必须反复进行，只有不厌其烦地重复模仿，才能达到量的积累，从而实现质的飞跃。但反复、重复的操练和模仿并不等同于机械地让学生做一些无用功。

仔细透析一下便可以发现，学生在重复模仿的过程中，或多或少都增加了思考，他们在这一过程中，实际上会形成对发音规则的潜意识，最后经过不断的由强化训练到自觉练习，久而久之就会内化为自己的发音风格。

模仿英美原声在英语口语教学中的作用日益凸显。模仿不但刺激了学生的积极性，而且能够真正地提高学生的英语口语水平，从而让学生在学习英语的道路上形成良性循环。而英语教师也在指导学生进行英美原声的模仿训练中掌握了技巧和经验，从而促进了教师自身业务水平的提高。可见，模仿的充分应用和正确应用能实现教师在英语教学中的双赢。

（三）艺术思维与英语学习

1. 艺术思维在英语学习中的作用

随着经济的发展和社会的进步，人们对于物质文化生活水平的要求不断提高。人们不再满足于一般的物质需求，而追求更高的文化生活和艺术的享受。社会从而加大了对艺术人才的需求，加上高校扩招，大批艺术类学生涌入高校，这对高等教育提出了更高的要求。"同时，艺术人才参与国际竞争与交流也越来越成为必要，而英语是艺术人才进入国际平台的基础条件，它不仅是实用的交流工具，也是艺术人才自身素质和层次的重要体现"[①]。因此，艺术类学生的英语教师应充分认识到英语教学对培养艺术人才综合素质的重要作用，进而研究影响此类学生学习英语的因素及教学对策。

艺术类专业学生在学习英语的过程中会不自觉地受到艺术思维方式的影响，艺术思维方式在他们英语知识的学习和语言交际能力的培养上起着引导作用。艺术类专业学生作为学生中的一个特殊群体，其艺术思维方式特点使其在英语学习中存在着群体差异和特殊的心理倾向。

2. 艺术思维在英语学习中的特征

根据思维任务的性质、内容和解决问题的方法，思维的种类可以分为直观动作思维、形象思维和逻辑思维。形象思维是指人们利用头脑中的具体形象（表象）来解决问题，表象的主要特征是直观性。直观的形象为概念的形成提供了感性基础，并有利于对事物进行概括的认识，促进问题的解决。艺术家、作家、导演、设计师等更多地运用形象思维。

---

① 方燕芳. 英语思维与英语教学[M]. 成都：电子科技大学出版社，2017：103.

（1）感性特征。艺术思维是一种渗透着主体浓烈情感因素的思维活动，是一种寓理于情的思维。因此，在英语学习中，艺术类专业学生对充满强烈情感体验的课堂活动会表现出极大的热情。如学舞蹈的人听到乐曲会情不自禁地随着节奏摇摆，学音乐的人听到熟悉的音乐会和着唱起来。教师在课堂中可以播放一些能够震撼学生内心情感的英语影片供学生欣赏，或把课文内容改编成戏剧，并由学生担任角色表演，以此促进学生的英语学习。

很多艺术专业的学生对英语的学习态度是消极的，换言之，班集体的消极情感占了主导地位，通常导致学生被动学习和抵制学习。教师要善于调动班集体的积极情感，发现学生的长处，善于捕捉学生的每一点进步，并让学生感受到自己的进步，进而坚定学习的信心和决心。教师要善于鼓励，及时反馈，要创造机会（如竞赛、表演、演示等），让学生展示自己学习的成果，使学生体验到一种成就感。这种成就感不但可以激发学生进一步学习的信心和决心，而且可以形成英语学习的良性循环。

另外，也可以尝试小组学习，即把大班分成自我驱动的小组，在小组中进行合作学习，这是人本主义心理学家倡导的一种学习方式。合作小组由四到六个学生组成，他们由于共同的目的而团结起来，为完成任务、使每个人得到提高而一起学习。小组学习的形式有拼版式、小组调查、角色扮演、学生小组成就分工法、小组讨论等。小组学习使学生能在轻松合作的氛围中学习，发挥团队合作精神，体验集体感、荣誉感和成就感。

（2）形象性特征。艺术思维是直观类思维方式的一种，是与形象思维有直接关联性的特殊思维方式，在艺术思维活动中，思维的对象并不是抽象的概念和命题，而是具体、直观、形象化了的东西。因此，在英语学习中，艺术类专业学生会趋向喜欢形象的东西，如更多地关注教师的体态和姿势，希望教师能借助音调、节奏、手势语、体态语等生动的形象语言来授课，或是喜欢有插图的教科书。

对此，艺术类学生的英语教师应努力使教学过程形象化。形象化的英语教学首先应遵循模仿原则。语言是人们在长时间的实践中形成的认同符号，孩子学语言是个模仿的过程，他们每天模仿父母、周围的人、电视等一切可以模仿的东西，并且模仿得越来越像。然后，他们渐渐停止了模仿，并且逐渐形成融合自己个性特征的语言方式。模仿是学习英语的基础，创新源于模仿。作为英语学习者，必须模仿已有的东西，只有通过模仿，真正掌握了英语的灵魂、精髓之后，才能形成自己的语言风格。

艺术类学生对语言的模仿就是对具体直观的形象的模仿，这种直观的形象反过来也就要具有艺术性。这要求教师能通过优美的板书、得体的教态、幽默的语言和机智的课堂表现，向学生展示其人格魅力和艺术修养，借此对他们进行潜移默化的感染。在教学过程当中，教师可利用简笔画、英文歌曲、英语绕口令和短剧表演等表现形式来增添教学的艺术性，使学生获得足够的审美体验。教师还要注意对课堂教学的调控，使其富于变化，有高潮、过渡，交替自然，难易适中，能调动多种感官活动。一堂好的英语课就像一首美妙的乐曲，应该是跌宕起伏、动静结合的既有酣畅淋漓的热烈感受，也有恬静安详的轻松氛围。

（3）想象性与非逻辑性特征。在艺术思维中，主体总是浮想联翩，脑海中自始至终都不断地进行着较清晰、较具体的形象思维活动，表现为一个创造性的综合想象过程，这一思维过程打破了逻辑思维的常规性和有序性。艺术类专业学生在英语学习中倾向于能使他们进行想象的人和物，如生活中的一个故事、一段情节、一个场景、一段旋律等。因此，教师可以结合授课内容适当选择有利于构造明确、具体形象的辅助材料，并且采用学生较熟悉、易操作的内容或方式来组织具有想象性的课堂活动。如请学生想象自己未来的生活状态，看图想象说话、作文，或为某一篇课文设计另外一个结尾等。

另外，教师可以结合生活，扩大学生词汇量。在讲单词的时候，教师可以拓展其派生词并联系生活，引起学生的联想。如讲 involve（卷入），可以从 Volvo（沃尔沃汽车）的象形讲到 in- 的前缀；Swallow 意为 yan，既是燕子的"燕"也是吞咽的"咽"；Communication 意为交流，沟通，就是交通，然后从交通银行扩充到各大银行的英文名称等。最后，建议学生把英语学习融入课外生活当中，平时多注意观察生活中所接触到的英文单词，如逛街时的英文店名和商标，洗手间的"手帕纸"等。这些方法会激发学生的学习热情，提高学生学习的主动性。

人们往往把思维活动分为逻辑思维和形象思维，而语言则和逻辑思维密切联系，艺术主要表现为形象思维。艺术类专业学生也具备逻辑思维方式，但由于受到艺术实践的影响，逻辑思维在思维活动中不占主导地位，这恰恰是艺术思维在英语学习中的局限。可以从思维方式的差异分析入手，联系到语言习得，结合英语教学理论，进而探讨适用于艺术思维的英语教学方法。

第二节 高校英语学科的语言思维

中西语言思维方式存在较大差异，汉语思维是影响中国学生英语水平提高的关键因素。以英语写作为例，对中国学生而言，要摒弃汉语思维对英语写作的干扰，逐渐建立起英语思维模式。要想写出地道的英语作文，需要增强英汉思维差异意识，发展名词化的隐喻能力，加强形合与意合之间的转换训练，逐步养成良好的英语思维习惯。

思维和语言相互影响，相互作用。一方面，语言是思维的主要载体，也是思维的主要表现形式；另一方面，思维方式制约着语言结构，影响表达和行文的遣词造句以及文章的谋篇布局。思维和文化密切相关，不同文化背景的人会有不同的语言思维方式和习惯。不同语言的国家有着不同的经济、地域、习俗等文化背景，因而他们的思维模式存在的差异。在学习新的语言时，母语思维自然而然会被迁移到新的语言中，这在双语写作中表现得尤为突出。

一、高校英语学科的语言思维方式划分

（一）螺旋型思维与直线型思维

汉语思维注重总体，从一事物与其他事物的联系上加以认识，予以解决，是整体思维模式。中国人做事习惯从整体到具体或局部，由大到小，即先全面考虑，之后缩小思路，考虑具体细节，其说话写文章也通常表现出先把思想发散出去最后收拢回来，落到原来的起点上，这就使其话语或语篇结构呈圆式或聚集式。中国人说话习惯于从宽泛的空间和时间入手，从整体到局部，从大到小，由远及近，从总体到一般，通常把主要内容或关键问题保留到最后或者含而不露，是一种逐步达到高潮的方式。

西方人注重分析和逻辑推理，对待事物习惯于从具体或局部到整体，是一种解析式的语言思维方式。在古希腊，根据亚里士多德的逻辑论辩，建立起一套称之为西方人思维基石的逻辑体系：开头—提出问题—分析论证—结尾。用英语进行思维所要按照的顺序，从根本上说就是亚里士多德式的，这一顺序在发展形式中主要呈线性。因此，西方人的语言思维方式是直线型的，

说话、写文章习惯开门见山，把话题放在最前面，即先表达中心意思，由此展开，或层层推演、逐项分列，后面的意思都由前面的语句自然引出。

（二）形象思维与抽象思维

形象思维与整体思维紧密相关，人们可能以经验为基础，通过由此及彼的类别联系和意义涵摄，沟通人与人、人与物、人与社会，达到协同效应。"抽象思维，通常也叫作逻辑思维，是以概念、判断、推理作为思维的形式"[①]。

中国人擅长形象思维。具体性、直观性、形象性是中国人思维的内核。最早的汉字中很多都源于图像，即象形字，能够不同程度地体现字义。如词语中"雪白、乌黑、绿油油"等都是形象思维的体现。形象思维不只限于字、词的层面，在句子中、语篇中也是汉语很突出的特点。如"我原本在北京居住，由于工作的需要，前两年搬到了上海，住在了现在这套两居室里"。这句话里，汉语体现的是它的图像思维、意合思维。虽然全句只在开头出现了主语"我"，但它完全可以显示一幅完整的图像，表达一个完整的意思。可见汉语是以"意"投"形"的"意合"语言，并不刻意追求形式上的完整，通常只求达意，人们必须从整体入手才能把握它。

然而，西方注重形式逻辑、抽象思维，表现在西方语言样态上就是以丰满的形态外露。首先，英语的曲折形态变化丰富，如动词的时态、语态、名词的数量等。很多学生由于受汉语思维模式的影响，没有考虑这些变化，不由自主地写出无形态约束的句子。其次，英语句子的结构注重完整，任何句子都必须有一个"主语 + 谓语"的主谓结构，如"下雨了"应说成"It's raining."在阅读理解训练中，一遇到含复合句的复杂长句，很多学生就完全失去了头绪，不知所云。这归根到底是因为没有从"主语 + 谓语"这个万变不离其宗的结构去把握其意思，造成理解上的困难。最后，英语注重句子之间的形式逻辑性。汉语中的流水句不能照搬到英语里的。如"天晚了，回家吧"不能译成"It is late, let's go home."两个英语句子之间必须有体现逻辑的连词，如可改为"Let's go home, as it is late."由此可见，英语强调形式及规则的约束，注重句子结构的完整和逻辑的合理。这对习惯了汉语思维的学生来说，无疑是正确表达英语的障碍。因此，在教学中不仅要进行常

---

① 宋雨晨，谭诣，王丽华. 高校英语教学思维创新[M]. 长春：吉林人民出版社，2020：96.

规的语言教学，还要从宏观的思维角度对学生进行引导，使他们注意并了解中西方在思维模式上存在的差异，并有意识地模仿西方语言思维方式，从而说出、写出地道的英语。

二、高校英语学科的语言写作思维培养

（一）加强对英汉思维差异的认知

在教学中应有意识地训练学生认识英汉思维差异及其在语言中的体现。通过对比教学，使学生充分认识到英汉两种语言在用词、造句、组段等方面的巨大差异。另外，教师应帮助学生接触更多地道的、能直观体现英语思维的资源，使其能在真实的语境中逐步领会英语的语言思维方式，从而在写作时能自如地按照英语逻辑习惯进行选词、组句、谋篇、布局。

（二）发展名词化概念的隐喻能力

英语思维是线性思维，具有抽象性，其语言表达多用抽象名词。因而，要培养中国学生的英语思维，发展名词化的概念隐喻能力是很重要的。名词化主要是指将体现"过程"的动词和体现"特性"的形容词，经过隐喻化变成以名词形式体现的实物，也就是以名词形式表达本应由动词或形容词表达的过程或性状。对中国学生而言，学会使用名词化的概念隐喻表达对于提高英语写作相当重要，它不仅能克服母语思维表达在英语写作中的负迁移，而且还能使英语句子简洁、紧凑、含蓄，从而使句子的英语味道更浓、更符合英美人的语言表达习惯。

（三）在形合与意合之间合理转换

英语重形合，汉语重意合。英语句子结构紧凑严密，是因为有各种连接词起到连接的作用，而汉语句子很少有这些词语，靠语义上的联系结合在一起。因此，在写作教学中，应进行形合与意合之间的转换训练，加强英汉词汇、句法结构的对比和思维转换练习。教师可在课堂上开展将用汉语思维写成的句子改写成按英语思维写成的句子的专项训练，使学生逐步有意识地在写作中按英语思维行文。语篇方面，应加强讲授和训练各种连接词的使用，让学生认识到衔接词在英语语篇连贯性和统一性方面的重要作用。

英汉思维差异是影响中国学生英语写作水平的关键因素。单纯的语言操

练很难迅速提高学生的英文写作水平。因此，在写作教学中，应注意加强培养学生的英语写作思维，发展学生的名词化隐喻能力，进行思维转换训练。只有将语言操练和思维训练结合起来，才能更有效地开发学生的写作潜力，提高学生的英语写作水平。

第三节　高校英语学科的思维体验

"思维是课堂教学的灵魂，无论是教师设问、学生自问、合作讨论、质疑等，都要围绕这个中心来开展，而评价这些活动的标准就是学生思维的质量"[①]。体验是学生领悟知识、实践知识的桥梁，每个学生都可以根据自己的体验，用自己的思维方式自由开放地去探索、发现和创新。教师要想方设法使学生真正参与到课堂活动中来，从而提高他们思维的质量，让学生在体验中掌握知识培养学习能力。

一、在高校英语学科中善于等待并学会"留白"

很多英语课堂有一个普遍的教学现象：教师害怕课堂气氛太冷清，所以就不由自主地消除教学过程中的留白，安排了一些"无缝对接"式的问答，以维持课堂热烈的气氛。其实，课堂这种"无缝对接"并没有起到积极作用。画家作画都会"留白"，因为空白不仅使画面有张有弛，而且会使作品给人留下自由想象的空间。课堂教学也是如此，教师有意识地留白与等待不仅可以调节课堂的气氛，更重要的是给学生一个思考的时间，表面的停滞可以促使学生迅速地思考。对于英语教学中的一些语法知识及一些语言结构的运用，仅凭教师的讲解、学生被动接受是很难取得成效的，教师需要鼓励学生去主动地参与思考并提高思维的质量，体验、感悟与领会，促使学生主动地探求知识，创造性地运用知识。

---

① 宋雨晨，谭诣，王丽华. 高校英语教学思维创新[M]. 长春：吉林人民出版社，2020：24.

二、在高校英语学科中创造良好的语言体验环境

语言环境是人类学习语言的重要条件，而现实生活中学生学习英语很难有良好的语言环境。这就要求英语教师在课堂上经常设置贴近现实生活的语言情境，让学生进入真实语言环境中，进行体验式学习，启迪学生的思维。

（一）通过课堂导入来营造情境

课堂导入是教授新课的序曲，课前三五分钟是学生由心理准备进入角色的时刻，是营造课堂气氛、引起学生兴致的关键，也是学生练习听说的一次机会。因此，可以以"Freetalk""讲故事"等来开始新课。可以让学生朗读一篇短文，并向其他学生提问，检测听的效果，最后根据朗读标准给予打分，并提出改进措施。这样既锻炼了学生的听说能力，又为下一步语言学习奠定了基础。

（二）通过语言描述来营造情境

对于某些难以用实物演示的情境，可利用语言进行简洁易懂的描述，并配上表情、手势，做到绘声绘色，使学生进入情境。如在教授"have to do"句型时可以提供这样的语言情境：Today is Sunday, I want to see an interesting film.But my mother is ill, so I have to look after her at home. 在这样的语境中，学生很容易理解"have to"的确切含义，再通过一些上下文情境的练习，学生很自然地学会了它的用法。

第三章　高校英语学科的教学内容构建

第一节　高校英语学科之听力教学

一、高校英语听力学科的教学特点

通常一个班级的学生来自全国各个地方,学生的听力水平参差不齐。有些学生听力基础差,没有掌握正确的学习方法;有些学生的语音语调存在很大问题,因而很难听懂正常语速的听力材料甚至已经学过的常用词,当然也有一些学生英语水平很高,比较容易听懂听力材料。在听力水平的不同的情况下,使用相同的教材和教学方法,使得听力水平低的学生不想学,教师难授课,也就达不到提高高校英语听力水平的教学目的。"高校英语听力教学内容较为广泛,不仅包括语言知识、文化知识,还包括培养学生对听力策略的掌握和运用"[①]。目前,一些学校尝试打破原有的以院系为单位的班级,将学生听力水平分成提高、普通和预备三个层次,针对性地选择授课内容和授课方法,更好地贯彻因材施教的原则。

二、高校英语听力学科的教学策略

(一)英语听力教学模式

1. 文化导入式的教学模式

文化导入式教学模式是一种通过引导的方式让学生主动建构语言与文化

---

① 李红霞. 高校英语教学研究 [M]. 天津:天津科学技术出版社,2017:32.

知识、促进英语综合运用能力的相对稳定的操作性框架。该模式主张教师在一定的教学环境中，根据教学大纲、教材和学生实际，运用正确的方法对学生进行积极引导，激发他们的思考与想象，促进学生主动进行内部心理表征的建构，从而培养学生对文化差异的敏感性、宽容性以及处理文化差异的灵活性，提高学生综合运用英语的能力。文化导入式教学模式在教学内容上注重文化概念与思考方式的引入，突出相关文化内容，在教学形式上注重学习主体作用的发挥，同时也要求教师积极发挥主导作用。

（1）适时培养学生对文化背景知识的敏感性。为培养学生对文化的敏感性，教师要充分利用教材发现问题，培养学生从文化角度来审视问题的根源，提高他们发现目的语文化现象的存在和这一文化与母语文化之间相符相悖的敏感性。

（2）听说并重，增强文化理解力。要想真正提高听力水平，必须强调听说并重。教师可以根据不同的材料通过复述、问答及根据听力组织对话、进行小品表演等形式对学生进行听力检查，这既可以加深学生对有文化内涵知识的掌握，又可以提高学生的听说能力。

（3）利用词语导入文化背景知识。词语包括单个的词和短语。语言的各种文化特征都能在词语中展现出来。教师在教学中应适当地导入听力材料中具有一定文化背景知识的词语，让学生充分理解其文化特征与内涵。

（4）借助视听媒介导入文化。教师应发挥多媒体的优势，充分利用电影、电视、幻灯片等资源进行辅助教学。这些媒介是了解英语文化的有效手段，是包罗万象的文化载体。学生可以在观影中直观、真实地了解西方的社会习俗、交际方式、价值观念等文化内容。

（5）延伸教学空间，拓展英语文化。教师可以采取布置任务的方式，让学生提前查阅与所学单元相关的文化知识，并让学生以幻灯片形式展示成果，使学生在参与中增强信心和成就感。同时，鼓励学生课后大量阅读介绍英美文化的书籍，这既可获得语言知识，又可深化学生对文化差异的了解，从而提高学生的听力水平。

2. 视听说结合式教学模式

（1）视听说结合式教学的必要性。视听结合，使学生处在耳目一新的教学环境当中，在视觉和听觉的双重刺激下接受语言信息，在这种环境中启发学生说英语的兴趣可以达到事半功倍的教学效果。教师应尽可能地为学生创造练习口语的机会，将听与说有机地结合起来，以听说结合的方式切实提高其听力水平，保持英语习得过程中的输入与产出的平衡。

视听说结合式教学环节。通过视听说结合的方式，可以解决英语教学中的"质"的问题，通过指导学生按照粗略观看、仔细听解、口头讲述三个步骤来完成从语言输入到输出的过程。在粗略观看阶段，教师根据视听内容，利用图片、实物、背景知识的介绍和单词的讲解等形式进行巧妙的导入，让学生对视听材料的大体内容有所掌握，为下一步教学做好铺垫；在仔细听阶段，不仅指导学生进一步明确整段话语的大意，更要把焦点放在语言材料本身，要求学生能够回答具体的细节问题，甚至区别细微的语音现象；在讲述阶段可以采取如问答、复述、谈论话题、讨论、情景对话、描述、角色扮演等多种形式，对视听材料有选择地进行再现、借鉴或者创造。

（二）英语听力训练策略

1. 选取多样化的听力材料

在选择听力材料时，教师既要结合教学实际的需要，也要结合学生现有的能力和兴趣，还可以让学生在课堂上以英语游戏的形式参与活动，循序渐进地进行练习，最大限度地挖掘他们的潜在能力，发挥他们的主观能动性。

在多媒体教学环境下的今天，教师可以播放英文电影、教学情景对话、英文歌曲或演讲，通过增强听力内容的趣味性、实效性，适当引入一些流行元素，提高学生的英文水平。英文电影作为一种直观、形象、生动的方式，越来越受到学生的青睐。英文电影有吸引人的剧情，让学生身临其境，有些情节非常具有趣味性，影片中的英语不再是让人望而生畏的语言，而变成妙趣横生、充满生机和活力的实践。每周增加一点这些内容，并在人机对话中让学生学唱英文歌曲，进行英文电影配音，这将提高学生的英语学习热情和积极性，从而使其在轻松愉悦的氛围中提高英语听力水平，并且对提高学生的口语表达能力也非常有帮助。

2. 注重听力进行前的提示

在给学生上听力课时，教师不能只是给他们播放录音带，也不能只给他们解释一点词汇或者短语，而是应用已有的与材料相关的知识来引导学生。例如，教师可以用简短的讨论进入主题，让学生根据听力题目或者预先给的一些暗示来猜猜听力的内容，从而帮助学生理解所要听的材料。通过这些方式，可以让学生对将要听到的内容有所期待，也从心理上进入一个准备阶段。另外，如果材料有一定的难度，可先用简单的语言来表述，培养学生在听听力材料的同时做笔记的能力，在听听力材料之前给学生一些相关的问题，学生学习就更有目的性，效率也会提高。

3. 培养学生把握听力学习重点

通常而言，学生喜欢把材料里的每个单词都理解清楚。不同的听力材料在不同的语速下，只要学生能把听力材料的重点，即能帮助理解材料的内容听懂并理解即可。一般而言，一篇材料里的诸多新单词并不会影响学生理解全篇大意。教师应当经常提醒学生要听重点，根据问题留意某些细节就可以了，教会学生如何抓住听力材料的重点。

4. 精听和泛听的有效结合

精听是"精确听力练习"，要求学习者在听力练习中捕捉到每一个词、每一个短语，不能有任何疏漏和不理解之处；而泛听是要求学习者在听力练习中以掌握文章的整体意思为目的，只要不影响对整体文章的理解，一个词、一个短语甚至一个句子听不懂也不影响。精听和泛听可以结合练习，如某一篇文章中有几段可以用精听的方法练习，在练习的过程中准确无误地听到某些细节性的信息，有几段可以用泛听的方法了解文章的梗概。

第二节　高校英语学科之口语教学

一、高校英语口语学科的教学内容

（一）口语教学内容

英语口语教学的内容是广泛的，它不仅包括在口语课上教学生如何说，而且还要从教学内容、教学安排等方面保证学生在课下都有大量的口语实践机会。因此，教学内容的广泛、可延展性是英语口语教学的一大特点。教师可以有计划地组织安排各种训练活动，把训练学生听、说、读、写、译等各项能力有机地结合起来，根据不同阶段，不同的练习目的和主题采取诸如朗诵、辩论、表演、配音、口头作文等多种形式，把握适当的难易度，巩固学生的基本功，使教学内容成为一个可伸缩的，知识性、趣味性并重的系统。

（二）口语教学评估

教学评估是英语口语教学的一个重要环节。客观、全面、科学、准确的评估体系对于实现教学目标至关重要，它既是教师获取教学反馈信息、改进教学管理、保证教学质量的重要依据，又是学生调整学习策略、改进学习方法、提高学习效率和取得良好学习效果的有效手段。对学生学习的评估可分为两种：一种是形成性评估；另一种是总结性评估。无论采用哪种形式，英语口语教学的评估都是考核学生实际使用英语语言进行交际的能力。口语教学的主要内容是语音教学，自然规范的语音、语调将为有效而流利的口语交际奠定良好的基础。尤其是在大学口语教学过程中，教师重视发音的准确性，而不过分强调流利程度有助于学生培养良好的语言习惯。

（三）口语教学管理

高校英语口语教学的管理贯穿于英语口语教学的全过程，要确保英语口语教学达到既定的教学目标，必须加强教学过程的指导，监督和检查。因此，口语教学的管理要做到三个方面：①必须有完善的教学文件和管理系统，教学文件包括学校的英语教学大纲和口语教学的教学目标、课程设计、教学安排、教学内容、教学进度、考核方式等；管理系统包括学生口语成绩和学习记录、口语考试分析总结，口语教师授课基本要求以及教研活动记录等。②口语教学推行小班课，每班不超过 30 人，如果自然班人数过多，可将大班分成约 30 人的小班，分开上口语课。③有健全的教学管理和培训制度。英语教师的口语水平是提高口语教学质量的关键，学校应建设年龄、学历和职称结构合理的师资队伍，加强对教师的培训培养工作，鼓励教师围绕教学质量的提高积极开展教学研究，创造条件因地制宜开展多种形式的教研活动。

二、高校英语口语学科的教学方法

（一）纠正学生的英语口语发音

在高校英语的第一堂课，教师应向学生阐明正确发音的重要性，即标准的发音是一个人英语口语素质的基本体现,并且督促学生积极纠正,在课下同学之间互相帮助,互相监督。教师也应该帮助学生总结一些极其容易出错的发音在课堂上有针对性地指出,让学生引起足够的注意和重视。教师可以安排学生课下做一些他们感兴趣的原声材料模仿练习并要求在课堂上进行展示,如电影对白、演说词、诗歌朗诵、英文歌曲等。学生通过模仿不仅可以纠正每个单词的发音,也可以有意识地去学习纯正的语调及地道的表达方法,从而增加对英语的语感。

(二)增强学生运用英语思维的能力

第一,鼓励学生掌握尽可能多的词组。在高校英语教学中,单词的学习,不能占用太多的课堂时间,而应该成为学生自主学习的一项主要内容。学生应以词组为单位,尽可能多地掌握词组。教师为了引导学生,可以在课堂上适当地加入词组接龙竞赛之类的游戏,要求学生按顺序将自己所掌握的词组写到黑板上,这种方法一方面可以活跃课堂气氛,另一方面可以提高学生记忆词组的积极性。

第二,背诵文章讲故事,培养语感。学生通过背诵短小精悍的文章,可以缓解畏难情绪,激发他们的兴趣,更重要的是培养了他们的语感。在跟读—朗读—背诵三部曲的练习中,学生提高了他们的断句能力和理解能力。无论是怎样的材料,只要是地道的英文,难度符合学生的水平,内容是学生感兴趣的,坚持背诵,都能提高学生的语感。

第三节 高校英语学科之阅读教学

一、高校英语阅读学科的教学体系

第一,高校英语阅读内容。从对高校英语教材的把握而言,高校英语教材中几乎包括了各种文体,具有多样性和现代性,其多样性表现为:①文章涉及多个领域,如语言、经济、文学、科技等;②体裁有说明文、记叙文、议论文;③语域的多样性,所选文章既有书面体文章,也有语体口语化乃至俚语化的文章。因此,高校英语的阅读内容具有篇幅长、生词多、句法多样化等特点。

第二，高校英语阅读方式。高校英语阅读一般分为精读、泛读和略读：精读要求学生毫无遗漏地仔细阅读全部语言材料，并获得对整篇文章深刻而全面的理解，在精读课本中，每篇课文后的词汇、语法、句型及注释都应仔细领会；泛读也可称为普通阅读，要求学生读懂全文，对全文的主旨大意、主要思想和次要信息及作者的观点有明确的了解。对全文只做一般性的推理、归纳和总结，无须研究细节问题和探讨语法问题。但要求阅读速度高于精读速度的一倍；略读是一种浏览性的阅读，学生以他能力达到的最快速度浏览阅读材料。略读不须通读全文，只跳跃式地读主要部分，目的是获取全文的中心思想和主要内容。

二、高校英语阅读学科的教学途径

（一）在阅读中采取语篇教学法

语篇分析理论主张把文章看作整体，从文章的层次结构着手，引导学生注重句子与句子之间的衔接、段落与段落之间的过渡，使学生在语篇基础上掌握全文，从而提高理解能力。在高校英语阅读教学实践中，运用语篇教学法进行教学的主要环节如下：

第一，围绕文章标题，预测文章内容。文章标题是文章内容的总概括，通过对文章标题的分析，可以有效地预测阅读材料的语篇类型及题材。在此过程中，教师可以围绕标题提一些启发性的问题，不仅有利于预测文章内容，还为下一步导入文化背景做好了铺垫。

第二，导入背景知识，进行体裁和语篇分析。体裁是文体分析的三个层面之一，体裁分析是语篇分析的一个方面。要让学生学会比较不同的体裁所达到的不同交际效果，就必须在教学中及时导入相应的文化背景知识，只有让学生充分了解不同文体的特点，认识不同文体的结构，才能有效培养学生运用正确的阅读方法来进行阅读的能力，从而提高阅读效果。

第三，抓住主题句，利用信息传递及组织模式把握语篇中的句子和段落中心，并进行必要的语法、词汇衔接手段分析和意义连贯推理。例如，用表示时间顺序、地理方位、因果关系等逻辑概念的"过渡词语"，以达到文章的连贯性和黏着性；运用"语法纽带"即通过使用省略、替代、照应等句法手段达到承上启下的效果。

（二）加强对词汇量与阅读量的重视程度

教师应督促学生加大词汇量和阅读量，鼓励他们多读、多写、多记，同时传授一些词汇记忆方法，如文章中记忆法、联想记忆法、造句记忆法、构词记忆法等。教师可以系统讲授一些词汇学习理解方法，如利用词缀猜测生词的含义；利用上下文来推测词义；利用近义词、反义词、同类词来比较词义；通过加大阅读量来巩固词汇等。同时注意一词多义，引导学生掌握词汇的派生、合成和转化等构词法知识，建立起便于记忆和应用的新图式，扩大词汇量。

（三）向学生传授快速阅读的技巧

第一，跨越生词障碍。跨越生词障碍可以通过猜测词义来解决，猜测词义的方法有很多，如根据语境、定义标记词、重复标记词、列举标记词以及同位语、同义词、反义词或常识等。但这些方法都离不开两个方面：一方面是学生的文化修养，即语言、文化素质；另一方面是通过全局识破个体的能力，这就要求学生要不断扩大自己的知识面，懂得社会、天文、地理、财经、文体等科普性知识。

第二，浏览所提问题，带着问题读文章。一般而言，作者根据自己的意图和思维模式，通过一定的语言手段，把分散的、细节的、具体的材料组织在一起，在训练或测试中，命题者往往采用多种方式进行提问，有直接的和间接的，但无论如何，命题范围和思想基本与作者一致。学生应先了解问题的要求，带着问题和所需的信息去查询，以提高阅读速度。

第四节　高校英语学科之写作教学

一、高校英语写作学科的教学特征

第一，写作是一个输出和检验的过程。学生要有一定的信息输入——对体裁、内容都要有一定的了解，同时无论是课后还是课中，学生都应有一定的阅读量，积累丰富的词汇、句型和语法，才能在写作课上游刃有余。写作能够检验学生平时的知识积累程度，检验学生对语法的掌握和词汇的运用等。

第二，写作是循序渐进的过程。写作要求写学生进行丰富的联想，发现题材并将之组织成文。要想提高写作水平并不是短时间能够做到的。要想切实提高自身的写作水平，还需要多阅读、多分析，反复练笔。因为，写作的过程并不是简单地记录所看到或所读到的内容，而是用另一种语言表达自己的思想的过程，其中涉及遣词造句、文章架构以及段落的衔接等方面的问题。

二、高校英语写作学科的教学途径

（一）掌握英语写作教学的技巧

第一，词汇根据不同的语境或上下文，学生需选择恰当的词语。在写作的时候，首先必须保证选词的正确性，根据所需表达的具体含义，选择最为恰当的单词。在考虑相同的意思时，同一词语在一篇文章中最好不要重复出现，而应考虑使用其他同义词或近义词替换，可以选择一些具有一定难度的单词进行替代，恰当地使用高难词汇有助于提高写作层次。

第二，句型在写作中，除了词汇可以丰富多彩外，还可以使用不同的句型结构。通常而言，学生在写作过程中受自身的知识和时间等方面的影响，在句式变化上未能深入地思考，以致出现行文呆板、不够灵活。在英语写作中，有很多的特殊句型都可以运用在写作中，可以让学生多使用典型句式，适当运用成语和谚语，恰当使用一些平行、对比结构。

第三，结构衔接。在写作过程中，要使句子或段落之间的衔接紧密，需用一些关联词来连接，这样才能使文章自然、流畅。关联词可以连接段落或句子。段落是文章中最基本的单位，它表明了全文的结构层次。写作时一定要段落清楚，有开头、主体和结论三部分，全文需分段撰写，而句子又是构成段落的基本单位。如何将它们有机地组合起来，这就需要使用过渡性的词语，并根据关联词表示的逻辑关系不同选择关联词。

（二）指导学生的英语写作过程

1. 明确审题立意

审题是写好一篇文章的第一个且是最重要的环节。文章是否切题就看学生是否认真审题，是否能明白题材的写作要求。高校英语写作都会给出提示语，甚至是作文题目，学生必须围绕所给提示语或题目展开论述。因此，审题并理解题意很有必要。学生在拿到作文题目之后，先要仔细阅读题目，认真审阅写作部分提供的说明与要求，再确定相应的体裁，如议论文、说明文。议论文主要是权衡利弊或就观点进行反驳等；说明文主要是阐述主题或提出解决问题的方案等。教师可以对学生进行提问，了解他们的审题情况。通过审题，学生明确文章的中心内容，从而达到审题立意。

2. 列出写作提纲

在确定中心思想之后，学生需粗拟一个提纲。提纲是文章写作的计划，也是一篇文章的基本框架，提纲可根据文章的结构列出。文章是由引言段、正文部分和结论段三部分组成。引言段揭示主题；正文部分从不同的角度对主题进行阐述；结论段对全文归纳总结。

3. 确定作文主题句

主题句是表达全文主题的句子，它概括了全文的大意，全文的其他文字都应围绕它展开。因此，主题句一般放在文章的开头，其特点是开门见山地摆出问题，然后加以详细说明。主题句具有较强的概括性，它概括了全文的中心思想，反映了作者写作意图，是全文的核心所在，作者思维的起点，它对确保文章主题突出，有着举足轻重的作用。教师可以通过学生的主题句得知其对文章主题的把握情况，从而判定其写作前的准备工作是否充分。

4. 撰写扩展句

扩展句是用来解释和支持主题句的句子。确定主题句之后，学生可以根据所列提纲，围绕主题进行发挥，收集与主题句密切相关的写作材料，为主题句服务，详细说明并支持主题句的思想。选择的材料最好来自日常生活，因为它们真实且具说服力，学生也相对熟悉，易于把握。在撰写扩展句的过程中，注意句子之间必须用连词或关系词来连接，段与段之间要用过渡词，以体现文章的逻辑性，它们是连接句与句或段与段之间的纽带，在行文中起承上启下的作用。与此同时，学生要注意整个篇章的层次性，将最重要的先写，然后逐级递减，这样可以使文章自然、流畅、重点突出。

5. 升华结论句

作文的最后一部分由结论句构成，结论句通常与主题句一样包含全文的中心思想，它总结了全文，深化了主题。但所用的措辞与主题句不同，它是换一种说法，变换措辞。学生可简明扼要地总结前面所写的内容，重申主题，使文章结尾与开头相互照应。结尾部分能加深读者对整篇文章的理解，给读者留下更为深刻的印象。

6. 修改与整合

文章写完后，学生应认真通读一遍全文，修改明显的拼写错误，以及一些语法错误，如时态、语态等。为确保句子的正确性，尽量避免语法结构错误，这一过程虽不能针对例题、结构、修辞等方面进行全方面考虑，但对个别词汇、语法、拼写错误稍加改动也很有意义。除学生与教师修改外，还可以进行学生之间的互改互评。然后教师再进行批改、讲评。讲评的重点放在文章的结构与内容上。

第五节 高校英语学科之翻译教学

一、高校英语翻译原则与学科教学特征

（一）高校英语翻译遵循的原则

1. 以学生为中心

"面对教育新形势和社会经济发展需求，在大学英语翻译教学中，大学英语教师只有与时俱进，对翻译教学进行创新发展，才能提升学生英语翻译水平，满足社会发展需求"[①]。如今，传统的英语教师角色发生了前所未有的革新，仅仅是进行知识的传递已经无法与教师这一角色的本质诉求相匹配，所以，教师应该在课堂组织的过程中彰显学生的重要性，构建和谐发展的师生交互模式。在这种教学模式的基本理念当中，强调英语教学其实是针对语言的一种创新应用，它囊括文化教学、语言教学、心理调适、思维训练等多方面的内容，凸显了学生的课堂中心地位。

英语教学越来越重视课堂交互式的创建，重视培养学生的创新能力以及语言的实践应用能力。因此，教师要在英语教学的过程中突出背景性知识，凸显文化素养提升的关键意义与价值。同时，这一教学观念突出的是学生在

---

① 魏洁. 功能翻译理论在大学英语教学中的价值与应用[J]. 科教文，2020（34）：187.

教学中的主体性，强调教师的"教"从某种意义上只是发挥引导的角色，学生是主动的，是富有创造性的存在，他们对知识的接受是具有主动性的。英语教学要发挥学生的个性，让他们形成自己的学习风格，养成良好的思维习惯，掌握系统的学习策略，将非智力因素的作用发挥到极致。综上所述，强调学生的主体性其实也是对学生自我能力的一种培育，是对学生积极性的内在激发，是对学生学习动能作用的深入探索，也是引导学生形成自己独特学习风格、发挥学习积极性的重要实现路径。

在传统教学形式下，教师的权威性毋庸置疑，因而学生对教师常常是敬而远之，经常都是教师在讲台上讲的有板有眼，学生在底下被动接收。从本质上而言，这种教学具有很明显的传统思维特征。在新的教学模式下，角色的转换是先需要考虑的事情，谁是主导，谁是主体的问题应该被明确。教师应该成为课堂的引导者，学生应该发挥主体作用，帮助学生提升英语素养，将掌握的英语知识更好地应用于实践。与传统模式下，教师是整个课堂的中心不同，现代化的模式突出了学生在课堂中的关键地位与价值。

从认知学的角度来看，教学具有明显的交互性，知识不是由教师传递给学生的，而是学生通过自身的努力所获得的。学生与教师之间的关系应该具备合作的特性，师生的关系是合作共赢的，而不是一方牵制着另一方的。因此，教师一定要正确理解"以学生为中心"的思维理念，它并不意味着教师失去了往日的权威价值，教师的身份应该被摆正，其引导作用应该被充分发挥出来。"以学生为中心"同样强调学生技能的培养，并且也没有忽视学生基础知识的掌握，这种模式兼顾理论的掌握和实训技能的提升，是为了让学生将学习的知识应用于社会实践当中，具备更强的技巧，进而提升自身的应用水平。

英语翻译的学习对学生本身而言，是重新架构专业知识、总结经验、筑牢实践学习经验的过程，教学人员在其中的定位是"引导者""协调员"。学生一要认识到自身定位从被动接受到主动参与的转变，从而成为知识的自主探究者和意义构建的主体，最终成为知识的主人。以学生为中心、坚持以人为本的教育理念，并非让教学人员完全遵循学生意图、听之任之，恰恰相反，是对教师的教学提出更高要求。这些要求归纳起来，需要教学人员从三个方面进行能力提升：①转变自身角色。学生通过教学过程获取知识来源并非只有教师，教师的职责使命也并不是单纯地传授知识，而是引导学生探索学习方法、解决学习问题、达成学习目标。②着力增强学生的创新意识，提升他们创造性、发散性思维。③开展教学活动时要讲究方式方法，使其兼具灵活性、趣味性和可操作性，有效利用生活环境，使课内外相互配合，并适当开设专家讲座传授经验。

2. 循序渐进原则

翻译是一项复杂的双语转换活动，不仅涉及语言自身差异，还涉及其他因素，如文化等。因此，学生翻译水平的提高，并不是一朝一夕能实现的。另外，翻译教学也不能操之过急，应当本着循序渐进的原则，按部就班地进行。具体而言，需要教师做到三个方面：①从学生最熟悉的主题和层面着手，选择恰当的篇章内容；②从学生最了解的主题和层面着手，选择合适的文章题材；③遵循循序渐进的原则，详细地阐释原文语言内涵要义，避免急于求成。

3. 激发学生学习兴趣

兴趣是最好的教师，是推动学生学习的重要动力。学生英语学习成功与否，在很大程度上取决于他们对英语的学习兴趣，翻译教学工作也是如此。作为一项复杂且难度较高的双语转换工作，翻译练习对于任何学生而言是枯燥的，尤其是对语言基础不牢、专业知识不精的学生而言，更是难上加难，种种原因成为无法激发学生学习兴趣的阻碍。因此，教学人员需要把激发热情、培养兴趣当作引导学生主动学习的基石，如教师可以结合以下三点建议进行学生兴趣培养环节的开展与实施：

（1）进行情景教学。翻译教学要一改传统教学作风，认识到学生才是教学主体，深入贯彻"以学生为中心"的教育理念。教师在教学中不能一味地讲述翻译的基本理论或技巧，而是要注意活跃课堂气氛，引导学生做课堂上的主人。对此，教师可以创设一些活动情景。例如，在翻译商务文体时，教师可以为学生创造商务翻译活动情景，在模拟情景中，学生既可以真正了解工作所需要的技能，又能体会到翻译工作的不易，同时在相互合作与协商中完成翻译任务，使学生会体会到团队合作的重要性，从而培养团队意识与合作精神。

（2）利用多媒体和网络等教学手段。随着多媒体技术的发展，与多媒体相关的各种教学手段也被应用在英语教学中。教师可以借助网络，有效提高学生对翻译课程的学习兴趣，从而提高学生的学习动机以及自主学习能力。

（3）进行案例教学。以商务英语翻译教学课程为例，教师可以根据相应的课程设计，寻找与某一单元主题直接相关的翻译案例。需要注意的是，所选取案例内容要足够新颖，最好与学生的专业或社会实际密切相关，这样才能切实有效地激发学生的翻译兴趣。教师将翻译教学巧妙地贯穿到案例讲解之中，不仅可以讲解翻译相关知识，还能渗透相关翻译技巧，化枯燥于无形，从而提高课堂教学效果。

（二）高校英语翻译学科的特征

1. 由浅入深

"翻译、语言与思维的关系一直是国内外翻译学、语言学乃至哲学研究的重要课题"[①]。翻译能力的提高不可能一蹴而就，而是要经历一个过程。翻译教学应遵循由浅入深的规律，所选的语篇练习也应该是先易后难，逐步帮助学生提高翻译能力。从篇章的内容来看，应该是从学生最熟悉的开始；从题材来看，应该从学生最了解的着手；从原文语言本身来看，应该是从浅显一点的渐渐到难一些的。这样由浅入深，学生们对翻译会越来越有信心，兴趣也会逐渐增强，翻译技能也会相应得到提高。

2. 题材丰富

如今，社会迫切需要实用型、综合型的翻译人才。因此，翻译练习的材料应该做到多样化和系统化，这样才能更好地满足社会对翻译人才的需求。教师在教学过程中，要遵循题材丰富原则，让学生接触不同的文体，进行有针对性的训练。具体而言，翻译的文体应该涵盖各种实用文体，如广告、新闻、法律、影视、科技、文学等。需要注意的是，每一种文体的练习都不是孤立进行的，教师可以将学生翻译中的常见问题进行归纳与总结，如果某类翻译问题，在某种文体练习中出现得比较多，那么教师要及时进行解决，帮助学生更顺利地进行翻译训练。

3. 学以致用

学习翻译是为了将来进行交际，所以在翻译教学中教师要遵循学以致用原则，尽可能地为学生创造实践机会，如安排学生到翻译公司参与实际的翻译工作。翻译的优劣最终取决于译文读者的反馈，译作能否被接受要看是否符合客户的需求。这就决定了翻译教学不是封闭的，而是一门实践性很强的

[①] 宋聚磊. 汉语重叠与其英译双重对比研究——以《西游记》和两译本为例 [J]. 北京科技大学学报（社会科学版），2022，38（5）：543.

课程。因此，学生在正式从事翻译工作之前，进行一定的社会实践锻炼是非常有必要的，这有利于他们在毕业之后快速融入社会环境，更好地投入工作。

4. 注重文化

外语学习本身是一种跨文化交际活动，翻译学习也是如此，它要求学生应该了解不同文化背景国家的思维习惯、风土人情等。因此，教师应该时刻注重不同文化的特征，并努力将学生置于文化语境中，重点培养学生的文化信息转换能力。

二、高校英语翻译学科的教学阶段

（一）理解阶段

正确理解是准确翻译的关键环节，也是表达的前提，它是指在阅读原文的同时，译者需要对原文表达的内容进行深入思考，这是一个认识、掌握原文内容、表达的情感以及行文风格的过程。理解也可以被视为源语解码的过程，为了使解码更加准确，译者需要了解原语的文化背景以及它的表达习惯，在此基础上对原文进行的阐释，才能全面获取原文信息，译者对原文的理解才能够更加透彻。理解不仅包含对原文信息的获取，还包括了解特定词汇在不同上下文中表达的不同含义，译者对于句法结构以及惯用的表达方式也要有深入了解。

1. 理解原文的词汇含义

在汉英翻译的过程，需要以词汇理解作为开端，逐步扩展到对短语、句子、段落以及整个篇幅的理解。

（1）合格的译者应该从了解原文词汇开始，准确把握词汇含义是翻译的基础。由于汉语和英语在词汇含义上的差异，有时英语中的一个单词，能够表达汉语中两个词语的含义；有时同一个汉语词语，由于其含义的不同，根据不同情况需要被翻译成不同的英语单词。因此，在翻译过程中，应该结合词汇的具体含义进行翻译，切忌望文生义。

（2）在理解表层含义的基础上，译者要充分结合上下文语境，了解词语的深层含义。对于原文的理解，不应仅局限于字面意义，还要深入挖掘字里行间隐藏的含义，同时需要以合适的方式进行表达。在翻译过程中，译者应该充分把握语篇的语境。语境对于语篇含义理解的作用主要体现在五个方面：

①使含义单一化；②有助于含义具体化；③给词语赋予修辞意义；④使词语、短语或是句子具有临时含义；⑤给词语赋予社会文化含义。

2. 理解原文的语法结构

在进行汉英互译时，译者不仅要了解两种语言语篇的含义，还应该掌握英语和汉语语法的差异，以提高译文的质量以及译者的翻译水平。

（1）掌握汉英两种语言的句法结构，明细二者在结构方面的区别。英语句子的构成一般采用"形合法"，其主要特点在于三个方面：①结构紧凑严密；②重视结构的稳定；③句子形式多样，但都是由主语以及谓语搭配作为句子的主要架构。相对于英语的句子结构而言，汉语的结构更为复杂，其句子构成采用"意合法"，即以表达含义为主要目的，结构简洁清晰。在翻译过程中，译者对于这两种句子的处理方式也有所不同，汉译英时，译者在确定汉语句子含义之后，才能对句法结构进行解析；反之，对英语句子的处理遵循相反顺序，在对句法结构进行解析的基础上，才能理解句子的含义。

（2）在汉英翻译时，不仅要注重两种语言句法的差异，还应注意翻译过程中的句法转换。一般而言，两种语言在主谓语的搭配方面并没有较大差异，但是需要注意的是，汉语中流水句居多，而英语句子遵循严格的主谓搭配，一个句子中只有一个主谓，其他成分则通过非谓语动词的方式呈现。因此，在汉译英的过程中，译者需要对句子的成分进行重组，需要考虑译文的主语，在英语中如何与谓语搭配。结合上文对两种语言句子结构的解析，在进行两种句子的互译时，译者应该充分运用句子结构的特点，在英译汉时，应该采用形合变为意合的方式；而在汉译英时，应该采用意合变为形合的方式。

（3）词的形态也是译者在翻译过程中关注的重点。这主要源于汉语与英语中词汇存在形态方面的差异。英语词语有形态上的变化，而汉语没有，它们的词类区分以及不同词类的使用频率也存在较大差异，如英语中使用介词和名词较多，汉语则较多使用动词。因此，在进行汉英互译时，不能严格按照原文的词性进行翻译，要结合目的语的特点，灵活变换词类，以使翻译出来的句子更加符合目的语的语言特点。

3. 理解原文的逻辑关系

解析原文的逻辑关系以及情感意义对于理解原文具有重要作用。由于每个人的思维方式有所差异，不同语言的逻辑也会不同。因此，译者必须秉承严谨的态度，结合具体语境，对原文的逻辑关系进行深入把握，深入理解原文的语言风格，在充分尊重原文的逻辑和内容的基础上进行翻译。译者也需要理解原文的情感意义，即原文作者的情感以及态度的联想含义。译者应该注重对译文细节的把握，力求在译文中能够保持原文的情感和态度。因此，只有译者充分理解了原文的语义，才能通过合适的选词以及句子结构将原文情感恰如其分地表达出来。

另外，译者还应该注意汉语英语中修辞的差异，以避免因修辞使语段产生逻辑矛盾。语段是介于语篇和句子的语义单位，有时它是一个句群，有时它只是一个句子；有时要根据实际情况的需要，汉语原文要采用多种修辞方法以使表达更加生动形象。按照汉语的表达习惯，这些修辞的使用的确合乎逻辑，但在翻译成英语的过程中，译者要考量这些修辞手段是否在英文中也同样适用，是否会产生逻辑混乱。

（二）表达阶段

理解与表达是两个不同的阶段，在大学英语翻译过程中发挥着不同的作用，但二者是相互联系、密不可分的。理解讲求准确，表达讲求充分，表达需要以理解为基础，只有通过表达，才能使对原文的理解更加深入。因此，二者相辅相成的，相互促进。

表达的充分体现在译者能够将原文的内容、表达的情感以及作品风格淋漓尽致地展现出来，这考验着译者对于目的语的掌控能力。译者在表达过程中，应掌握好表达的"度"，既要避免过分表达，也要避免缺乏充分表达。过分表达，即在翻译过程中，不顾原文本意，按照译者的理解，任意的添枝加叶；缺乏充分表达，即不尊重原文本意，任意删减。表达的效果主要由两个方面决定：一方面是译者对原文含义的理解程度；另一方面是语言的修养程度。由于不同语言在表达方式、语法、句式等多方面存在差异。因此，在翻译时必须结合语言特点，采用不同方法，灵活处理。

（三）校核阶段

第一，校核工作具体分为两部分：①核实原文内容；②再次对译文进行推敲。校核是翻译的最后一个程序，也是对前两个阶段的深化，是非常重要的一个环节。校核不是粗略看一遍原文，改正明显错误，而是对译文的再一次加工的过程。好的译文就像精美的艺术品，需要精雕细琢才能完成。校核前的译文，需要修饰和完善，它也可能存在严重的错误。因此，译者需要充分认识到校核工作的重要性,认真对待该环节。

第二,校核是对译文的检查,主要需要完成两项工作:①查缺补漏,即在翻译过程中是否有遗漏之处;②检查译文是否有错误,如数据、时间等关键信息的翻译是否正确,同时还要检查是否存在由于疏忽产生的"低级"错误。

第三,校核阶段应该注重以下五类内容:①关键性信息是否正确翻译,如地理位置、日期时间、人名、地名以及数字等;②疑问的内容、重要词语是否翻译正确;③发现并纠正错译的内容,对于翻译不妥的内容,应该进一步修饰;④争取译文中不存在晦涩难懂的词汇,译文的段落标记以及标点的使用应该准确无误;⑤一般情况下,应该校核两遍,首先重点校核内容,其次在第二遍校核偏重文字润色。如果时间充裕,应该再对照原文,将译文通读一遍,进行最后的检查和修改,将所有问题都解决后,译文才能够定稿。

综上所述,理解、表达和校核是翻译的三个关键阶段,三者缺一不可,并且彼此紧密联系。理解是表达的前提,理解的准确与否对表达效果的优劣有直接影响。因此,译者只有对文化背景有一定了解,才能更好理解原文。表达是决定翻译质量的关键因素,它不仅要保留原文的原貌,包括含义、风格等,还要与译语的表达习惯相契合,对译者的能力提出了较高要求。校核环节在翻译的过程中发挥着把关的作用,即使译者的能力再强,对原文的理解再透彻,表达得再恰到好处,也不可避免会出现疏漏,任何一部好的翻译作品都要经过译者多次的校对和润色。因此,理解、表达以及校核一定是各司其职的,在翻译过程中均发挥着重要的作用。

三、高校英语翻译学科的教学内容

(一)词汇翻译教学

1. 词汇翻译技巧

"语言与社会密不可分,它是社会的产物,并随着社会的变化而变化"[①]。汉语和英语在语法和表述习惯方面有着诸多不同,故把汉语词语译成符合英语语法和表述习惯的英语短语时,需使用一些翻译技巧。译者只有知晓并掌握了这些技巧,再凭借良好的英语语言基础,包括句法和词法以及足够的词

---

① 陈洁. 英语新词汇的特点及翻译技巧[J]. 校园英语(教研版),2011(6):84.

汇量，才能自如地进行汉译英活动。学生之所以会存在阅读的困难，一个最直接的原因就在于词汇不足。词汇量掌握的多少与学生阅读水平之间有直接的联系。学生认识的单词越多，他们的阅读障碍就会越小；学生认识的单词越少，他们的阅读障碍就会越大，阅读中遇到的困难也就越多。因此，要想不断提升学生的阅读水平，先要掌握更多的词汇翻译技巧。

（1）符合英语语法和表述习惯的增词法。汉译英时，首先，时常需要根据英语的语法和表述习惯，在汉语原文的基础上增添一些单词或词组；其次，当汉语原文的真实含义隐藏在字里行间而并未明确地得以表达，这样的句子译为英语时，一般可通过增词法把句子隐含的意思清楚地表达出来，以帮助读者理解其深刻内涵。

用增词法的原则是"增词不增意"，即译出隐义时不能增加或是改变原句之意。当然，有时为保持原文的风格和句子的特色，译者不能违背作者意图，把所有的隐含之义都清楚地译出，从而使译文变成白开水而失去许多意趣，致使读者失去思考和探索之乐。因此，译者既不能漏译原句的隐义，又不能把原著作者刻意要含蓄表达的隐意统统说白。译者要恰如其分在"undertranslation"和"overtranslation"之间找到平衡，避免走极端，避免使译文失去原文的风采。

第一，根据英语语法习惯增加冠词。汉语没有冠词，把汉语译成英语时要适当加上冠词，具体做法如下：

一是，增加不定冠词。

例如：我们在业务上有了良好的开端。

译文：We have made a very good start in our business.

二是，增加定冠词。

例如：天空中开始闪烁着淡紫色、玫瑰红和琥珀色。

译文：Hues of lavender, rose and amber begin to pulsate in the sky.

第二，增加做主语和宾语的代词。

一是，增加作主语的代词。在汉语中，如果前文出现过一个主语，而后面一句的主语与前文一致，那么后句主语可以省略。但是，在译成英语时，一般要将这个被省略的主语补上。

例如：这里到处可以看到枝繁叶茂的树木。

译文：Everywhere you can find lush trees here.

二是，增加作宾语的代词。在汉语中，常常可以把动词后面的前文出现过的宾语省掉，以避免啰嗦。但是，在译成英语时，由于及物动词后面必须跟宾语，故要保留这个宾语；同时为避免重复，就用代词来替代前文提到过的这个宾语。

例如：你越要掩盖自己的错误，就越会暴露。

译　文：The more you try to cover up your mistakes, the more you reveal them.

三是，增加物主代词。

例如：一只鹭从远处的岸边飞起，轻轻扇动着翅膀掠过湖面。

译文：A heron rises from a distant shore and gently fans its way over the lake.

第三，增加表并列和从属关系的关联词。汉语复句之中，各分句之间的关联词常可不用，因为其前后的逻辑关系往往暗含于其中。但是，在译成英语时，必须把这些关联词补充进去。

一是，增加并列连词。

例如：她瘦弱憔悴。

译文：She is scraggy and haggard.

二是，增加从属连词。

首先，增加表示因果的从属连词。

例如：他没有看过校长讲话的文本，不愿加以发挥。

译文：He declined to amplify on the principal's statement, since he had not read the text./He had not read the text of the principal's statement, so he declined to amplify on it.

其次，增加表示条件的从属连词。

例如：你不参加这个比赛，那我也不参加。

译文：I won't participate in the contest if you don't.

最后，增加表示时间的从属连词。

例如：你明天去购物，帮我把这封信寄了吧。

译文：Please post the letter for me when you go shopping tomorrow.

第四，增加汉语中省略而英语中必需的介词。

例如：我家的屋后有一个果园。

译文：There is an orchard at the back of my house.

第五，增加表示特定文化的背景词汇。由于中西方文化间的差异较大，关于中国特有文化的内容，如果简单而机械地译成英语，外国读者肯定会感到困惑。此时就有必要在译文中适当加上解释性词语,从而把该汉语词汇或短语所隐含的意思表达清楚。

例如:茅台是我爷爷的最爱。

译文:Maotai liquor is my grandpa's favorite.

"茅台"是中国知名白酒品牌,这里其实具体是指"茅台酒"。考虑到多数外国人并不知道这是一种酒,所以这里有必要添加"liquor"一词,予以说明。

(2)使用译文简洁流畅的省略法。把汉语译成英语时,可以省略不译出有些词汇和短语,以使英语译文更加简洁、流畅、地道。但是,使用省略法的前提是保持原文的意思不变,省略绝不等于漏译。

第一,省略汉语范畴词。许多汉语的名词性短语善用范畴词,而英语却相应地多用概括能力强、词义范围宽的抽象词。因此要将汉语翻译成地道的英语,一般应将汉语的范畴词省略不译。

例如:visibility(能见度);persuasion(说服工作);emergency(紧急状况)。

第二,省略汉语重复词。汉语中常常重复某个词汇,以达到强调等的特殊效果。但在英语中使用"重复"手段的频率远不如汉语为高。因此,汉译英时,可以让重复部分只出现一次,或在第二次出现相同内容时,用代词代替,从而避免累赘。

例如:热能可以转化为电能,电能也可以转化为热能。

译文:Heat energy can be transformed into electric energy, and vice versa.

第三,省略意思相同细节描写。汉语中常常连续使用几个结构相同、意思相似的并列词组来达到一定的修辞效果。将其译成英语时,一般只需译出中心意思即可。

例如:她有着沉鱼落雁之容,闭月羞花之貌。

译文:Her beauty would put the flowers to shame.

第四,省略汉语语气助词。汉语中常使用语气词"吗、呢、呀、啊"等来表达说话者疑问、惊讶、感慨等语气,译成英语时,常可省略。

例如:类人猿能掌握类似于人类的语言吗?

译文:Can an ape master anything like human language?

(3)将抽象或含义模糊的词语具体化法。汉语原文中有些用词比较抽象或含义比较模糊,翻译时不妨把这些词语加以具体化,以使英语译文更加形象生动，同时也能帮助读者理解其中的深意。

例1：我们刚进入太空时代。

译文：We are at the dawn of the space age.

例2：他精彩的演讲博得满堂彩。

译文：His remarkable speech brought down the house.

（4）将具象词汇或成语抽象化。不少汉语的词汇或成语非常形象具体，但在英语中往往没有语义和形象完全与之对应的短语。若按照字面意思生硬地直译过来，读者或会感到非常费解。因此，译者不妨把这个"具象"的词汇或成语"抽象化"翻译，以使英语译文自然流畅，也能帮助读者领会其隐含的意思。

例如：流利的英语是她进入这家合资企业的敲门砖。

译文：Fluent English is her entree to this joint venture.

（5）词性的转化法。汉语和英语在某些词性的使用频率上习惯不同。一般而言，汉语是偏"动态"的语言，其动词的使用频率较高，连动式和兼语式等结构也常出现，而英语是偏"静态"的语言，相对而言，名词和介词的使用频度较高。因此，在把一些汉语动词译成英语时，需按照英语的表达习惯，适当改变这些汉语动词的词性。其他词性的汉语词汇译成英语时，有时也需要转换词性翻译，以使译文更为地道。

第一，根据动词转换为英语名词。

例如：采用这种新装置可以大大提高效率。

译文：The adoption of this new device will greatly improve the efficiency.

第二，根据动词转换为英语副词。

例如：他打开窗户，让新鲜空气进来。

译文：He opened the window to let fresh air in.

第三，根据动词转换为英语介词。

例如：教师捧着试卷走进了教室。

译文：The teacher entered the classroom with the examination papers in her arms.

第四，根据形容词转换为英语动词。

例如：这个湖很臭。

译文：The lake smell sterrible.

第五，根据名词转换为英语动词。

例如：女神狄刻是正义的化身。

译文：The goddess Dice personifies justice.

第六，根据名词转换为英语形容词。

例如：这名伤者被迅速送往医院。

译文：The injured was quickly sent to the hospital.（名词—形容词）

第七，根据名词转换为英语副词。

例如：严格的训练使他们身心疲惫。

译文：The strict training made them tired, both physically and mentally.（名词—副词）

（6）根据汉英各自表达习惯的视角转换法。有些汉语词汇在英语中找不到对应的词汇，这时就需要转换一下视角以寻找到翻译的突破口。此外，根据汉语和英语各自的表达习惯，有时需要把从正面表述的汉语翻译成从反面表述的英语，或者把从反面表达的汉语翻译成从正面表达的英语，类似于英译汉中的正反译法。

例如：她们虽是妯娌，但关系却不太好。

译文：Although their husbands are brothers, they are not on good terms with each other.

（7）改变形容词与副词语序的结构调整法。

第一，名词前有多个形容词修饰时，这些形容词在汉语和英语中的位置是不尽相同的。因此在汉译英时，要根据英语习惯改变这些形容词的前后次序。

例如：这本书介绍了优秀的德国现代建筑。

译文：This book gives an introduction of outstanding modern German architecture.

第二，汉语常把表示时间、地点等的定语置于被修饰名词之前，译成英语时，一般而言，要把这种定语后置。

例如：你看过《霓虹灯下的哨兵》吗？

译文：Have you seen Sentinels under Neon Lights？

（8）选择英语同义词组的归化法。有些汉语词组恰好能在英语中找到意思极为相似的对应词组。此时，不妨将英语中与之相对应的词组作为其译文，以使英译文更加符合英语的文化背景、更易于被英语使用者接受。

例1：丁字尺。

译文：T-square.

该汉语词汇以"丁"字来生动而形象地描绘了这种尺子,令人一目了然。但把该词组译成英语时就有麻烦,因为许多外国人并不认识汉字。而且汉字"丁"是利用其字形来描述尺的形状,而并非利用其意。所幸,英语26个字母中的"T"恰好与汉语"丁"字极为相近,因此翻译时可用"T"来代替"丁",起到相似的表述作用。

例2:一箭双雕。

译文:kill two birds with one stone.

该汉语成语恰好在英语中有个意思雷同的成语与之对应。尽管"箭"与"stone""雕"与"bird"概念并不等同,但两个短语所表达的含义却是如出一辙。所以可用英语成语来译汉语成语,保持原文的精彩妙趣。

例3:咬紧牙关。

译文:bite the bullet.

在得不到麻醉药的情况下,医生给伤员动手术时会让他们嘴巴紧紧咬住毛巾或皮带,以此保护舌头,以及帮助伤员缓解手术过程中的剧烈疼痛。于是该英语短语就沿用至今,并被赋予抽象的含义。这一英文短语无论在具体还是在抽象的含义上都可与此汉语短语相对应。

还有下列的例子可说明此译法:

例4:挥金如土。

译文:spend money like water.

例5:得寸进尺。

译文:give sb. an inch and he will take a mile.

例6:这个踌躇满志的大学毕业生认为自己有点石成金的本领。

译文:The ambitious university graduate thought that he had the Midas touch.

根据希腊神话的描述,酒神狄奥尼索斯赐给了佛里几亚国王 Midas 一种力量,使他能把手触摸过的东西都变成金子。此英语短语恰好对应汉语之意,且形象生动。

(9)使汉语文化内涵更加清晰的加注法。汉语中许多词汇具有本族特有的丰富文化内涵。译成英语时,仅靠用增词法还不足以把相关的文化背景介绍清楚,此时就需借助详细注释,帮助读者明白汉语句子的真实含义及其相关文化背景。

例如:佛跳墙是一道福州传统名菜。

译文:Buddha Jumping over the Wall(Stewed Shark Fins with Assorted Seafood) is a famous traditional dish in Fuzhou.

Note: It is a name after a legend saying that even Buddha could not resist the temptation of the dish and jumped over the wall of the temple to taste it.

2. 词汇翻译类别

句子和篇章都是由词语组成的，要做好翻译，必须重视词语的翻译。有所不同的是英语中有冠词，而汉语中有量词和语气词。

（1）名词翻译。英汉名词特点基本相同，都表示人、地方和事物的名称，但英语倾向于运用名词来表达某些在汉语中常以动词表达的概念。因此，就词类而言，英语中以名词占优势，即英语倾向多用名词。

第一，英汉专有名词翻译。专有名词是指人名、地名、机构团体名和其他具有特殊含义的名词或名词词组。

一是，英汉的人名翻译。①英汉姓名的顺序差异。汉语先说姓后说名，如李白，"李"是姓，"白"是名。而英语反之，即先说名后说姓，如 Benjamin Franklin，Benjamin 是名，Franklin 是姓。②英汉姓名的组成差异。汉语人名是由"姓+名"构成，其中姓有单姓和复姓，名也有单名和双名，如诸葛孔明，"诸葛"是复姓，"孔明"是双名；司马光，"司马"是复姓，"光"是单名；陈景明，"陈"是单姓，"景明"是双名；田汉，"田"是命名，由父母命之；第二个名即中间名，是教名，由教堂的牧师或神父命之。习惯上欧美人都有两个名，但第二个名很少用，常常只写首字母或省略。

人名的翻译原则具体如下：

首先，名从主人。名从主人原则是指在翻译人名时，要以该人名所在国的语言发音为准，不能从其他文字转译。也就是说译英国人名时要以英语的音为准，译中国人名要以汉语的音为准，译法国人名要以法语的音为准，即是哪个国家的人名，就以哪国的音为准。如 John 约翰；李明 Li Ming。

其次，约定俗成。约定俗成原则是指有些人名在长期的翻译实践中已经有了固定的译法，已为世人所公认，一般不轻易改动，即使译名不够妥帖。在以往的翻译中不乏这样的例子，如英国作家 George Bernard Shaw 应该译为"乔治·伯纳·肖"，但是过去一直被译为"肖伯纳"，这个中国化了的译名一直沿用下来。又如，英国作家柯南道尔的小说中的主人公 Holmes 惯译为"福尔摩斯"，尽管按读音应译为"霍姆斯"。在汉译英中，也是如此，如孙中山译为 Sun Yat-sen，一直沿用至今。

二是，地名的翻译。

首先，地名的翻译原则。地名的处理同历史、国情、语言及习惯等都有关系，一般要遵循以下原则：①名从主人。地名翻译仍然要遵循"名从主人"原则，即翻译地名必须遵照原来的读音。如 Paris 按英语的读音应译为"巴黎斯"，但由于在法语中"V"不发音，所以译为"巴黎"。②约定俗成。地名具有社会性，应该有相对的稳定性，一经约定俗成，就代代相传。所以已经被广泛接受的译名，不要轻易改变。如俄罗斯首都一直被译作"莫斯科"，这是按英文 Moscow 音译的，如按俄文应为"莫斯克娃"。又如，Green Witch 一直沿用"格林威治"的译名，虽然它的标准译名应该是"格林尼治"。

其次，地名的翻译方法。①音译法。音译法也是翻译地名的最常用方法。在翻译时同样遵循前面关于人名翻译时讲到的准则，即要保证音准，不用联想词和生僻字，翻译时可省略不明显的音，但不能添加音。例如，London 译作"伦敦"，Chicago 译作"芝加哥"。汉语地名的英译一般用汉语拼音进行音译，如"山西"译作 Shanxi，"上海"译作 Shanghai。②意译法。意译法是指根据原文的意思，按照目的语的构词法进行翻译。有些地名有明确的意义，这种情况多采用意译，如 Thursday Island 译为"星期四岛"（因探险者于星期四发现它而得到此名），Long Island 译为"长岛"，the Pacific Ocean 译为"太平洋"，Red Sea 译作"红海"，Pearl Harbor 译作"珍珠港"，等等。③音意混译法。音译混译即一半用译音，一半用译意来翻译一个地名，如 Northampton 译作"北安普敦"，New Zealand 译作"新西兰"，New Mexico 译作"新墨西哥"等。一般而言，由具有词义的词和不具有词义的词组成的地名，可采用音意混译法。

最后，其他问题。

地名翻译时增加通名（如"山""川""河""海""省""市"等）。例如，"纽约市""日内瓦湖"，其中"纽约""日内瓦"是专有名词，"市""湖"是通名。有的地名原文不包括通名，但是，为了便于读者了解，翻译时有时需要增加"山""川""河""海""省""市"等族类词。

例如：He slipped out of the State Department and crossed the Potomac to Arlington, Virginia, where the civil ceremony took place.

译文：他偷偷地溜出了国务院，渡过波托马克河到弗吉尼亚州的阿林顿县，在那里举行了公民结婚仪式。

译文中分别给 Potomac、Arlington、Virginia 加上了通名，而非简单音译过来，以免缺少文化背景知识的读者理解起来困难。

增加国名或区域范畴词。有时一个译名可指数个不同的地点，如"圣路易斯"可指巴西的 San Luis，阿根廷的 San Luis，也可以是美国的 Saint Louis。对于异地同名者，翻译时可加注国别、省市等区域范畴词，以区分不同的地方。上述的"圣路易斯"可做如下处理：圣路易斯（巴西），圣路易斯（阿根廷），圣路易斯（美国）。

第二，英语普通名词翻译。

一是，名词译作名词。

首先，英语中的名词多数都可以译作汉语中的名词。

例1：We found the hall full.

译文：我们发现礼堂坐满了。

例2：The flowers smell sweet.

译文：花散发着香味。

其次，增加范畴词。抽象名词有时候说明人以及事物的性质、情况、动态、过程、结果等，有时候又是具体的人或事物，这些词若直译，不能给人具体明确的含义。因此，翻译时往往要在汉语的抽象名词的后面加上范畴词"情况""作用""现象""性""方法""过程"等来表示行为、现象、属性，使抽象概念更具体些。

例1：Keep your eyes on this new development.

译文：请你注意这个新的发展情况。

抽象名词 development 译作具体的事物"发展情况"。

例2：Under his wise leadership, they accomplished the "impossibility".

译文：在他的英明领导下，他们完成了这件"不可能完成的工作"。

抽象名词 impossibility 译作"不可能完成的工作"。

二是，转译为动词。

首先，含有动作意味的抽象名词往往可以转译成动词。

例1：A careful study of the original text will give you a better translation.

译文：仔细研究原文，你会翻译得更好。

包含有动词意味的 study 译作了汉语的动词"研究"。

例2：The sight and sound of our jet planes filled me with special longing.

译文：看到我们的喷气式飞机，听见隆隆的机声，令我特别神往。

含有动词意味的 sight 和 sound 分别译作了汉语的动词"看到"和"听见"。

其次，由动词派生的抽象名词往往可转译成汉语动词。在英译汉中，常将那些由动词转化或派生而来的行为抽象名词，转译成汉语的动词，以顺应汉语多用动词的习惯。

例1：Enough time has passed since Dolly's arrival for a sober, thorough assessment of the prospects for human cloning.

译文：多利出生以来，人们用了足够多的时间，审慎而详尽地评估了人类克隆的前景问题。

arrival 译成汉语动词"出生"，名词 assessment 译成动词"评估"，读起来更顺畅，符合汉语用词习惯。

例2：In spite of all the terrible warnings and pinches of Mr.Bumble, Oliver was looking at the repulsive face of his future master with an expression of horror and fear.

译文：尽管本伯尔先生狠狠警告过奥利弗，又在那里使劲掐他，他还是带着惊恐害怕的神情望着他未来的主人那张讨厌的脸。

句中的英语名词 warnings 和 pinches 译作汉语的动词"警告"和"掐"。

第三，英语名词复数翻译。名词复数在英语中广泛使用，在汉语中若该复数概念是可以意会的，汉译时一般不必把复数译出来。但有些情况下，需要明确表达原文含义或符合汉语的习惯，则须将复数译出。这时英译汉通常采取增词法或重复法表达名词的复数。

一是，省译名词复数。由于汉语名词的复数不是通过词形变化表示的因此，英语名词复数在汉译时通常不必译出来。英语的某些名词，总是以复数形式出现，这是因为它们表示的物体总是由两部分构成。如 glasses（眼镜）、trousers（裤子）、shorts（短裤）、knickers（短衬裤）等。在汉译的时候，这些词不必译为复数。

二是，增词法翻译名词复数。通常而言，汉语是通过加数量词或其他词的方式表示复数的，而英语是用名词的形态变化表示复数的。一般而言，在英语复数名词译成汉语时，根据上下文需要，可在名词前加定语"一些、各（诸）、成批（群、堆等）的"，或在名词后加复数词尾"们、群、之流"等表达。

三是，用重复法翻译名词复数。为了加强名词本身或使译文明确、通顺，不至于造成逻辑混乱，常常采用名词重译的方法。

（2）代词翻译。代词可以代替词、词组、句子甚至可以代替一大段话。代词翻译的具体内容如下：

第一，关系代词。英语常用的关系代词有 who，whose，whom，which 等。关系代词所引导的定语从句如需分开译，则关系代词的译法与人称代词及物主代词的译法基本上相同。

一是，译成汉语的代词。

例1：I was a willing worker, a fact of which my new boss took fully advantage.

译文：我很爱干活，新老板就尽量占我这个便宜。

例2：My cousin is a painter, who is in Japan at present.

译文：我表哥是个画家，他现在在日本。

例1中的 which 译成"这个"；例2中的 who 译成"他"。

二是，重复英语的原词（先行词）。

例如：Rain comes from clouds, which consist of a great number of small of particles of water.

译文：雨从云中来，云中包含有无数的小水滴。

由于提到的物或人不止一个，因此在译文中重复原词以避免混淆。

第二，指示代词。

一是，英语的 this（these）和 that（those）有着严格的区别，除了表示"这（些）""那（些）"之外，this（these）指较近的事物，或下文将要提及的事物；that（those）指较远的事物，或者上文已提及的事物。而汉语的"这"与"那"区别较小，一般而言，that 常可译成"这"。

例1：There is nothing comparable in price and quality. That's why we choose it.

译文：在价格和质量上都有无与伦比的优势，这就是我们选择它的原因。

指示代词 that 指代上文，被译为"这"。

例2：Do you remember how we recruited, organized and trained them? That's the basic way to set up a club.

译文：还记得我们如何招募、组织并训练他们的吗？这就是成立一个社团的基本方法。

指示代词 that 指代上文，被译为"这"。

二是，有时英语在前一句中提到两个名词，在后一句中就用 this（these）

指第二个名词，用 that（those）指第一个名词。翻译时，汉语常重复原词，而不用"这"与"那"。

例1：Fm going either today or tomorrow; the latter is more Likely.

译文：我或者今天走，或者明天走，明天的可能性大一些。

例2：My father was Irish, my mother—a Highlander. The former died when I was seven years old.

译文：我父亲是爱尔兰人，母亲是苏格兰高地人。我七岁时父亲就死了。

第三，不定代词。

一是，some 和 others 常一起用于英语复合句中，汉语译作"有的……，有的……""或……，或……"。

例1：Some walked to the station, others took a bus.

译文：有的步行去车站，有的乘公共汽车去。

例2：Some of our classmates come from Eastern China, some from South-western China, some from North China, and others from the North-east of China.

译文：我的同学或来自华东，或来自西南，或来自华北，或来自东北。

二是，one…another…a third…用于复合句中，是表示许多并列的事物，汉语译成"一（个）……，一（个）……，一（个）……"或其他表示并列的句型。

例如：Tomorrow morning we have three classes: one is reading; another is oral English, and a third is translation.

译文：明天上午有三堂课，一是阅读，二是口语，三是翻译。

（3）冠词翻译。冠词是一种虚词，本身不能独立，只是附着在一个名词前帮助说明这名词的含义。英语中的冠词有不定冠词 a（an）以及定冠词 the。汉语中没有冠词。

第一，不定冠词 a（an）的译法。不定冠词 a（an）具有一定的意义，但并不是必须要译出的。汉语"量词"很多，翻译时需要注意搭配，有所选择。翻译时不能见到 a 就译成"一个"，而不考虑"个"是否和后面的名词相配。

第二，定冠词 the 的译法。

一是，定冠词 the 在汉译时常省略。在汉语中，名词是泛指还是专指，类指还是特指，往往从上下文或者语境中可以知道，所以一般不需要指示代词"这"或"那"。因此，在汉语译文中，定冠词 the 常省略。

二是，定冠词 the 译成"这""那"或其他词。①冠词在指示性作用较强的地方可以翻译出来。在指示性作用较强的地方，定冠词 the 可以翻译出来，因为有些名词要是不加"这（那）"就容易和别的事物混淆。②名称替换。在英语中，有时候提到一个人或一件事物，以后再提的时候却变了一个说法，这就是名称替换。用这样的方法，很多时候都要用到定冠词（或物主代词），在翻译的时候有两种处理办法。

（4）副词翻译。英语副词是说明时间、地点、程度、方式概念的词，一般情形下，可以修饰动词、形容词、副词或全句，表示状况或程度。

第一，英语副词可以译成汉语的副词、形容词、动词、名词代词、独立句、关联词等。

第二，副词词序及其翻译。英语副词位于英语句首、被修饰词之前或介于被修饰部分之间，汉译时，位置可以不变。

（5）动词翻译。

第一，动词时态翻译。

一般现在时。一般现在时主要表示经常性的动作或现在的特征或状态，还可用来表示普遍真理。一般现在时还可以用在条件和时间状语从句中表示将来的动作，用来代替一般将来时。谓语动词一般采用直译的方法，有时还可以在动词前用"可以……""会……"等。

一般过去时。一般过去时主要表示过去某时发生的动作或情况（包括习惯性动作）。有些情况，发生的时间不很清楚，但实际上是过去发生的，应当用过去时态。一般过去时的译法比较简单，一般不需要添加哪些副词或者助词来表示过去时，这是因为汉语习惯上不需要明确表示动词的时态。根据上下文，或者借助句子里的时间状语，便可表达过去时。但是有时候为了更加准确的翻译，或者为了强调起见，也可在动词前后添加"已经""曾""……过""……了"等字，或者在句首添加"以前""当时""过去"等时间副词。

一般将来时。一般将来时态表示将要发生的动作或存在的状态。在翻译这种时态时，大多数都可以在动词的前面添加，如"将要……""会……""便""就"等词。

进行时态。现在进行时表示某一时刻，或是某一时段正在进行的动作，译为汉语时，译文中有"着""在""正在""不断"等体现进行时的词。

现在完成时。翻译现在完成时，可在动词前面添加时间副词"已经"和在后面添加助词"了""过"或者"过……了"。

第二,被动语态翻译。被动语态是英语动词的一种变化形态,表示句子的谓语动词和其主语之间存在逻辑的动宾关系。被动句的主语实际上是谓语动词动作的承受者。被动语态的广泛使用是英语有别于汉语的又一个特点。被动语态的出现多为四种情况:①不知道或者不必说出动作的执行者是谁;②动作的承受者是谈话的中心;③出于礼貌、措辞选用等方面的考虑,不愿意说出动作的执行者是谁;④为了上下文的衔接或者句子的合理安排。

汉语中也有被动句,但使用范围较狭窄,许多被动意义的句子是用无主句的形式来表达的。汉语的被动语态表现为三种形式:显性被动,用"被""让""叫""给"及"由"等介词作语态标定的句式;半显性(半隐性)被动,用"加以""……是……的""……的是……"及"……为……所……"等句式;隐性被动,即逻辑上的被动以形式上的主动表示。

英语中的被动语态,在多数情况下要译成符合汉语习惯的主动语态,也有少数保留被动语态。例如,译成汉语的主动句。首先,保留原文中的主语。在将被动句翻译成汉语的时候,有时可以将原文中的主语仍作译文中的主语。其次,将原文中的主语转译成宾语。将原文之中的主语翻译成宾语。如果原句中没有施动者,在必要的情况下还可以在译文中添加相应的主语如"人们""大部分人""大家"等。最后,有些是以 it 为形式主语的句子,在译成汉语时常常要改变成主动形式。译文有时不加主语,有时需要加入不确定的主语,如"有人""大家""人们""我们"等。

与英语反之,汉语常用意义被动式,少用结构被动式。翻译时,常用英语的被动式表达。

第三,虚拟语气翻译。虚拟语气表示说话人所说的话不是事实,或者不可能发生,而是一种愿望、建议、猜测或与事实相反的假设等。英语通过动词形态变化来表述虚拟语气,而汉语主要利用词汇手段来表述。现代汉语用以表示虚拟的词语范围比较广,但主要是以下词语类别:

一是,参与组成谓语部分的前置助动词。①表示能力和可能性:能、能够、可以、会、可能等。②表示意愿和意向:愿、愿意、情愿、敢、肯、乐意、想、要等。③表示推测和必要:应、应该、当、该、得等。

二是,参与加强或限定谓语成分的副词。①就、就会:"就"以及"就"与助动词"会"的搭配式"就会"是表示"假设"的最重要的副词。"就"是一个表示强调的副词:"我要是你,我就去。"这时的"就"是不可少的,不能省的。"就"之前还可以加"早",作为对"就"的强调。"就"的基本作用是加强。②本、本来、原本（是）：现代汉语中参与构成假设陈述重要的副词，其作用是限定。③竟："竟"表示出乎所料的一个副词，其作用是加强。一般而言，现代汉语表示"假设"的谓语形式就是以上两类情态辅助性词语与动词的组合，一般结构形式是："副词+助词+动词"。

引导条件句的连接词。一般而言，现代汉语在复句中表达假设的含义，是通过连词引导条件句来完成的。这样的连词包括：如果；假如，假设，假定，假若；若，倘使、倘，若使、设若；要是。

在英译汉时，要根据各种谓语动词的形态、表示假设的连词以及特殊的句子结构和某些特定的词语来判定虚拟语气的类型，并加以恰当的表达。虚拟条件句，即非真实条件句中，条件从句及主句所用谓语动词的形式，根据时态的不同，可以分为三种形式：①与现在事实反之；②与过去事实反之；③与将来事实相反。句中的条件从句和结果主句都须用虚拟语气。

汉语虚拟语气翻译是有以下方面：第一，有虚拟标志的汉语句。根据汉语的词汇手段，即虚拟标志，大体可以从字面上判断出汉语的虚拟语句。然后用相关的英语虚拟语句译出。第二，隐性虚拟汉语句。对没有虚拟标志的汉语语句，即汉语的隐性虚拟表达，一般而言，可通过句子的逻辑含义来判断。如果是虚拟语句，则用相应的英语虚拟语句译出。

（6）连词翻译。连词是连接词与词、短语与短语、句与句的词。连词可分为两类：并列连词和从属连词。并列连词是用来连接同等的词、短语或分句的；从属连词是用来引起从句的。

第一，英语连词翻译。①省略不译。英译汉时，有些连词在很多情形下可以不译，特别是一些在句子里只起连接作用而本身并无意义的连词，一般而言，可以略去不译。②照译。有些连词在句中除了起连接作用外，本身也具有一定的含义，特别是一些连词短语，具有很强的含义，但是如果省译会影响对句子的理解，就要照译。③转译。英语的连词除了可译作汉语的连词外，还可根据原句中的关联作用译成汉语中的副词、介词、助词、动词。

第二，汉语连词翻译。在汉语中，词与词、短语与短语、分句与分句不一定需要连词连接。例如，"文（学）艺（术）界""好好学习，天天向上！""王教师工作一贯认真负责，这次被评为'优秀班主任'"等。

（二）句式翻译教学

在了解掌握了汉译英中词（组）的翻译方法之后，就要应对句子的翻译。

要将汉语句子译成通顺、地道的英语句子，译者也往往需要采用适当的句子翻译技巧和方法，以妥善处理不同类型的句子，这些技巧和方法主要包括合句法、分句法和变序法等。

1. 将汉语复句紧凑翻译的合句法技巧

汉语各句子或分句之间主要凭借语义逻辑维系，而其语法逻辑关系似乎不甚清晰，句子结构在形式上比较松散。因此，把汉语句翻译成英语时，需要先解析汉语复句的各句子，或是分句之间内在的逻辑关系，确定其主句和分句，再通过使用介词短语、从句等手段把它译成地道的英语句子。

例1：在保险期限内，被保险人应采取一切合理的预防措施，包括认真考虑并付诸实施本公司代表提出的合理的建议。由此产生的一切费用，均由被保险人承担。

译文：During the period of this insurance, the Insured shall at his own expense take all reasonable precautions, including paying sufficient attention to and putting into practice the reasonable recommendations of the Company.

第二个汉语句子在译成英语时作为一个介词短语融入了第一句中，这种处理使英语句子的译文更加简明扼要。

例2：地处人民广场的上海大剧院以其独有的建筑风格成为上海市的标志性建筑，它的存在使人民广场成为这座城市的政治和文化中心。

译文：With its unique style, the Shanghai Grand Theatre located at the Peopled Square has become a representative building in Shanghai, whose existence renders the People's Square the city's center of politics and culture.

英语译句中使用非限制性定语从句，把两个汉语句子合并为一句，使结构紧凑。

例3：他用积攒了好几年的零用钱买了一台数码摄像机，此后，他带着这台摄像机访问了全国各地的景点，拍摄了许多录像。

译文：With the pocket money (that) he had saved for quite a few years, he bought a digital video, with which he then visited various scenic spots throughout the country and shoot a lot of videos.

此例中，汉语复句通过"此后"把前、后两句作时间上的连接。译成英语时，把第一个汉语连动句式，处理成偏正关系的"with…(that)…hebought…"，即带定语从句的"介词短语＋主谓结构"；又把第二句汉语句译成"with which."的"非限制性定语从句",从而把汉语结构相对较为松散的复合句,译成英语一个主句带两个定语从句和一个介词短语的句式,使结构紧凑,逻辑层次分明。这就是合句译法的妙用。

例4:人的一生有多少意义,这有怎样的衡量标准吗?

译文:Is there any standard to evaluate the meaning of a person's life?

此例的汉语复句由两个分句松散地联合而成。翻译时只要稍加解析就不难发现,这里"衡量标准"即指"衡量人一生有多少意义"的标准。故译成英语时用合句法把第一汉语句译成动词不定式短语,作后置定语修饰"standard",从而把两句并列关系的汉语句译成一句"偏正关系"的英语简单句,使结构紧凑,重点突出。

由此可见,译者的英语水平越高,就越有可能自如地通过介词短语、动词的非谓语形式(包括独立主格结构)、从句以及插入语等手段,把连接关系相当松散的汉语复句,译成语法逻辑关系清晰、结构层次分明的英语句式。这样既符合英语的表达习惯,又能有效表达句子的含义。

2. 将汉语长句有机拆译的分句法技巧

汉语的句子只要意思连贯,其形式往往呈松散铺排,并无太多语法逻辑的拘泥。汉语句子可以很长,且一个复句中有时可有多个主语。与此反之,英语则是结构分明、逻辑性很强的语言。有鉴于此,译者有时会发觉难以把一个汉语长句的全部内容浓缩于一个英语句中。此时,译者需根据汉语原文的内在逻辑关系,对整个汉语长句进行划分,有机拆开,予以分译,译成两句或两句以上的英语复句。这种翻译方法就是"分句法"。

例1:东方明珠电视塔位于浦东的陆家嘴,电视塔与其东北面的杨浦大桥和西南面的南浦大桥共同构成了一幅"双龙戏珠"的画面,这整幅摄影的经典构图总在激发着人们的想象,全年吸引着数以千计的游客。

译文一:Located in Lujiazui in Pudong area, the Oriental Pearl TV tower, together with the Yangpu Bridge in the northeast and the Nanpu Bridge in the southwest, creates a picture of "twin dragons playing with pearls".The entire scene is a photographic jewel that always arouses the imagination and attracts thousands of visitors year-round.(译成二句)

译文二:The Oriental Pearl TV Tower is located in Lujiazui in Pudong area. The tower, surrounded by the Yangpu Bridge in the northeast and the Nanpu

Bridge in the southwest, creates a picture of "twin dragons playing with a pearl". The entire scene is a photographic jewel that always arouses the imagination and attracts thousands of visitors year-round.（译成三句）

首先解析此汉语长句的内在语义逻辑关系，可以对此句进行如下划分：

东方明珠电视塔位于浦东的陆家嘴，电视塔与其东北面的杨浦大桥和西南面的南浦大桥共同构成了一幅"双龙戏珠"的画面，这整幅摄影的经典构图总在激发着人们的想象，全年吸引着成千上万的游客。

显然，第一个分句讲述东方明珠电视塔的地理位置；第二个分句讲述它与环境构成"双龙戏珠"的画面，所以前两句为一层意思。而第三个分句则是讲述这幅经典画面对人产生的影响力；第四分句具体说明其影响力，所以后两句为一层意思。

译成英语时可将汉语原文拆分为二至三个句子，分别翻译，条理清晰。

例2：表面上看来，管理者会不得不对一些文化群体比对另一些文化群体在守时方面更宽容一些，但是这种做法在城市文明中是站不住脚的，因为它将使人相信"这种文化的时间取向比西方的时间取向逊色"这一学术论调。

译 文：On the surface, it might seem that a manager may have to be more tolerant about punctuality with some cultural groups than others. But this is unwarranted in an urban civilization. It would give credence to the academic literature that implies "the time orientation in such a culture is inferior to that in the West".

解析此句汉语长句的内在逻辑关系，可以对此句进行如下划分：

表面上看来，管理者会不得不对一些文化群体比对另一些文化群体在守时方面更宽容一些，但这在城市文明中是站不住脚的，它将使人相信此种文化的时间观念比西方的时间观念逊色这一学术论调。

由此可见，第一个分句与后两个分句之间存在着转折关系，而后两个分句之间则存在着并列关系。所以，可将该汉语句子拆译成三个英语句子。

该汉语句的前、后两个分句之间其实存在着"总、分"关系，故译成英语时，不妨将两层意思分译成两句英语句子。必须明确的是，使用"分句法"翻译的汉语句并非都是长句。有些汉语句子虽然并不长，是一个句子，但却包含了两层甚至更多层的意思，此时也有必要把汉语句子拆开，予以分译。可看更多的例子：

例3：不，村庄并没有消失，现在的村庄比以往任何时候都更有活力。

译文：No, the village is not dead. It is now more vital than ever before.

该汉语句前后分句之间呈"递进"关系，也可分译。

例4：他的花园里有一个漂亮的池塘，池塘上有一座桥，桥中央有一个亭子。

译文：There is a beautiful pond in his garden.Across the pond is a bridge with a pavilion in the middle.

该汉语句的前后三句之间呈"追述关系"，用动词非谓语形式不妥，故可拆开分译为两句。

3. 按汉英表达顺序灵活翻译的变序法技巧

如前所述，汉语与英语的表达顺序不同。汉语中各分句的先后顺序往往是按照事件发生的时间先后、或先因后果、或先条件后结果、或先事实后结论等顺序来排列。与此反之，英语句子的排列顺序则相对要灵活得多。所以汉译英时，可按实际情况、或出于某种修辞手段之目的，有意识地改变原句中部分语法结构的语序乃至全句和各分句之间的语序，以灵活表达原句之意，达到符合英语表述习惯之目的。变序法一般有下列情况：

（1）时间、地点、方式等状语的变序。汉语中往往把表示时间、地点、方式等的状语前置；而英语中状语的位置相对比较灵活，状语的位置可前可后。所以进行汉译英时，常常需要使用变序法。

（2）句子语态转换时的变序。变序法还常常涉及句子语态转换问题。汉语中被动语态的使用频率不是很高，因为汉语常使用主动句式来表达被动含义。较之于汉语，英语中被动语态的使用频率就高得多，因为欧美人惯于使用被动句式以示客观。在科研论文写作中情况更是如此。此外，在不少情况下，汉语语法允许汉语句式为无主句。然而，译者在翻译汉语无主句时，一般可适当地补充句子主语，或可将句子译成被动句。

总而言之，由于汉语和英语在语法和表达习惯方面甚有差异，所以译者在把汉语词语译成符合英语语法，以及表述习惯的英语译文时，需要使用增词法、省略法、具体法、抽象法、词性转化法、视角转换法、结构调整法、归化法以及加注法等翻译技巧。在把句子和文章译成英语时，需要合理使用合句法、分句法、变序法等技巧，灵活处理句子结构，使句子表达符合欧美人的说话习惯，同时使句子逻辑清晰严密，突出主题思想。译者唯有掌握了上述技巧，凭借着良好的英语语言基础包括句法和语法的概念，再加上丰富的英语词汇量，才能自如地进行难度较高的汉译英翻译活动。

（三）语篇翻译教学

句子是语法解析的理想单位，但在运用语言进行实际交往中，语言的基本单位则是语篇。语篇是由句子组建而成的，它是人们运用语言符号进行交往的意义单位，故可长可短。一部长篇小说是一个语篇，一个句子或短语，甚至一个词，都能构成语篇。因此，译者一定要把握好对语篇的翻译。

语篇是高于句子的语言层面，能够独立完成某种特定交际功能的语言单位。语篇是语言结构和翻译的最大单位。语篇可以对话形式出现，也可以独白形式出现；可以是众人随意交谈，也可以是挖空心思的诗作或精心布局的小说或故事。需要注意的是，语篇并不一定就是一大段话，只要是表达了一个完整的意思，那么一个词语也可以称为语篇。

语篇解析是美国语言学家哈里斯于 1952 年首先提出来的一个术语，后来被广泛用于社会语言学、语言哲学、语用学、符号学、语篇语言学等领域。自从翻译界将"语篇解析"这个语言学研究的成果嫁接到翻译学科，翻译界对"上下文"的认识有了一个飞跃，从感性上升到了理性，从经验上升到理论。掌握了"语篇解析"理论，译者就能在跋涉译林时，既看到树木，也看到整片森林；就能将原文的词、句、段置于语篇的整体中去理解、去翻译。这样，译文的整体质量就有了很大的提高。语篇解析的基本内容包括衔接手段、连贯、影响语篇连贯的因素，其中对译者而言，最为重要的是衔接与连贯。

句子或句群不是杂乱无章地堆砌在一起构成段落与篇章，反之，它们总是依照话题之间的连贯性和话题展开的可能性有规律地从一个话题过渡到另一个话题的。篇章的存在要求其外在形式和内在逻辑，即衔接和连贯具有一致性。作为语言实体，段落与篇章在语义上必须是连贯的，而连贯性在很大程度上需要靠语内衔接来实现。连贯是首要的，衔接要为连贯服务。翻译工作者为了使译文准确、通顺，就必须处理好衔接与连贯的问题。在英译汉实践中，译者应该先吃透原文，了解作者怎样运用衔接手段来达到连贯目的，然后根据英汉两种语言在形式与逻辑表达上的差别通权达变。

1. 语篇翻译的衔接

衔接是篇章语言学的重要术语，是语段、语篇的重要特征，也是语篇翻译中的一个重要环节。衔接的优劣，关系到话语题旨或信息是否被读者理解和接受。所谓语篇衔接，就是使用一定的语言手段，使一段话中各部分在语法或词汇方面有联系，使句与句之间在词法和句法上联系起来。句组中的各

◎高校英语学科建设路径与教学研究

个句子之间、句组与句组之间需用不同的衔接手段来体现语篇结构上的黏着性和意义上的连贯性。语篇的衔接手段大体可分为词汇手段、语法手段两大类。

（1）词汇手段。语篇的连贯可以通过词汇衔接手段予以实现。英语词汇衔接关系可分为两类：同现关系和复现关系。此外，运用逻辑连接法也可实现语篇的连贯。

第一，词语之间的同现关系。同现关系是指词语在语篇中同时出现的倾向性或可能性。一些属于同一个"词汇套"或同一个"词汇链"的词常常一起出现在语篇中，衔接上下文。例如，thirsty 一词，常会使人们联想到 drink, water, soda water, mineral water, tea, coffee, coke, beer 等词，这些词可能会在语篇中同时与 thirsty 一词出现。除了这种词之外，反义词也常用来构成词语之间的同现关系。反义词的两极之间可以存在不同程度或性质的词语，如在 hot 和 cold 之间尚有 warm, tepid, lukewarm, cool 等词。

第二，词语之间的复现关系。复现关系主要是通过反复使用关键词、同义词、近义词、上义词、下义同、概括同等手段体现的。词语的不同复现手段往往能显示不同的文体或风格特征。

第三，运用逻辑连接语。逻辑连接语是指表示各种逻辑意义的词、短语或分句，包括五个方面：①表句子之间（含句组之间）的时间关系的逻辑连接语；②表句子之间的因果和推论关系（causal/resultive/inferential relation）的逻辑连接语，如 consequently, so, otherwise, then, hence, because, as a result, for this reason, in that case 等；③表示附加关系（additive relation）的逻辑连接语，如 by the way, in other words, for instance, likewise, similarly, and, or 等；④表示句子之间的转折和对比关系（adversative/contrastive relation）的逻辑连接语，如 however, but, yet, never the less, in fact, in any case, on the contrary 等；⑤表示位置（position）、方向（direction）和地点（location）等意义的逻辑连接语，如 over, here, there, under, above, down, up, nearby, further, beyond, beneath, adjacent to, close to, near to, next to, in front of, on top 等。

（2）语法手段。句子或句组之间的衔接可以通过语法手段予以实现。其中较为常见的语法手段有以下方面：

第一，动词的时、体变化。动词的时和体可以在句子中起到衔接的作用。

例1：The boy stopped running. He saw his mother.

译文：那个男孩停止跑动，他看到了他的母亲。

例2：The boy stopped running.He had seen his mother.

译文：那个男孩停止跑动，因为他看了他的母亲。

从动词的时、体变化角度可看出，例1中的两句之间，存在动作发生的时间顺序关系，而例2中的两句之间既存在着动作发生的时间顺序关系，又存在着因果关系。

第二，照应手段。照应是指词语与其所指对象之间的关系。在语篇中，如果对于一个词语的解释不能从词语本身获得，而必须从该词语所指的对象中寻求答案，就产生了照应关系。因此，照应是一种语义关系，是表示语义关系的一种语法手段，也是帮助语篇实现其结构上的衔接和语义上的连贯的一种主要手段。照应关系可分为两种类型：语内照应和语外照应。语内照应又可分为两种情况：一种是"上指"（亦称"反指"），即用一个词或词组替代上文中提到的另一个词或词组；另一种情况是"下指"（亦称"预指"），即用一个词或短语来指下文中即将出现的另一个词、短语乃至句子。语外照应是指在语篇中找不到所指对象的照应关系。

第三，替代。替代是一种既可避免重复又能连接上下文的手段，是指用代替形式来取代上文中的某一成分。替代是一种语法关系，与照应表达对等关系不同，它表达的是一种同类关系。在语篇中，替代形式的意义必须从所替代的成分那里去查找，因而替代是一种重要的衔接语篇的手段。替代可分为名词性替代、动词性替代和分句性替代等多种形式。与英语相比，汉语中替代手段使用的频率较低，汉语往往使用原词复现的方式来达到语篇的衔接与连贯。英语可以用代词so，do，do the same等替代形式来替代与上文重复的成分，形成衔接。但是汉语没有类似的替代形式，通常需要用词义重复来连接。因此，译者在翻译时应注意英、汉语的不同表达习惯。

第四，省略。省略是指把语言结构中的某个成分省去不提。句中的省略成分通常都可以从语境中找到，这样句与句之间就形成了连接关系。同替代一样，省略的使用也是为了避免重复，突出主要信息，衔接上下文。作为一种修辞方式，它符合语言使用的经济原则。省略可看作一种特殊的替代——零替代。省略是一种重要的语篇衔接手段。省略也可分为名词性省略、动词性省略和分句性省略。相比较而言，英语的省略现象比汉语要多一些。因为英语的省略多数伴随着形态或形式上的标记，不容易引起歧义。

第五，连接。连接是表示各种逻辑意义的连接手段，连接词又称"逻辑联系语"。连接词既可以是连词，也可以是具有连接意义的副词、介词及短语，还可以是分句。连接关系是通过连接词以及一些副词或词组实现的。连接词在语篇中具有专业化的衔接功能，表明了句子间的语义关系，甚至通过前句可从逻辑上预见后句的语义。通过使用各种连接词语，句子间的语义逻辑关系可以明确表示出来。

语篇中的连接成分是具有明确含义的词语。通过这类连接性词语，人们可以了解句子之间的语义联系，并且可以根据前句预见后续句的语义。英语的连接词语按其功能分为四种类型，即添加、递进，转折，因果，时序。这四种连接词的类型可分别由 and，but，so，then 这四个简单连词来表达，它们以简单的形态代表这四种关系。

2. 语篇翻译的连贯

语篇既然是语义单位，那么能够称作语篇的语言实体必须在语义上是连贯的。语义连贯是构成话语的重要标志。衔接是通过词汇或语法手段使文脉贯通，而连贯是指以信息发出者和接受者双方共同了解的情景为基础，通过逻辑推理来达到语义的连贯。如果说衔接是篇章的有形网络，那么连贯则是篇章的无形网络。译者只有理解看似相互独立、实为相互照应的句内、句间或段间关系并加以充分表达，才能传达原作的题旨和功能。语篇中句子的排列如果违反逻辑就会对句与句之间语义的连贯产生影响。有时候，说话的前提以及发话者、受话者之间的共有知识，也会影响到语义的连贯。诗篇的连贯性主要取决于读者的联想和想象。

3. 衔接与连贯的联系

在进行英汉段落与篇章翻译时，语篇的"衔接"与"连贯"是必须考虑的两大要素。衔接是一个语义概念，它是存在于语篇中的、并使语篇得以存在的语言成分之间的语义关系。衔接是语言机制的一部分，它的作用在于运用照应、省略、替代、连接和词汇衔接等手段使各个语言成分成为整体。语篇衔接手段主要有语法衔接和词汇衔接。在语篇中，语法手段的使用可以起到连句成篇的作用。语篇衔接手段能使语篇结构紧密，逻辑清晰，更好地实现语义的连贯。

连贯是篇章体现为一个整体而不是一串不相关语句的程度。连贯对于篇章是一个有意义的整体，而非无意义堆砌的一种感觉。衔接是一种篇章的特点，连贯是一个读者对于篇章方面的评价。语篇的连贯性应该经受住对语句的语义连接及语用环境的逻辑推理，所以语篇连贯不仅包括语篇内部意义的衔接，还包括语篇与语境的衔接。连贯语篇的基本标准是其意义形成一个整体，并与语境相关联。

衔接是客观的，从理论上讲能够被轻易识别；而连贯是主观的，对篇章中连贯程度的评价将因读者不同而不同。衔接的前提是思维的逻辑性、连贯性，而连贯是交际成功的重要保证。衔接是篇章的外在形式，连贯是篇章的内在逻辑联系。衔接是语篇的有形网络，是语篇表层结构形式之间的语义关系；连贯是语篇的无形网络，是语篇深层的语义或功能连接关系。

第四章 高校英语学科的不同教学维度

第一节 高校英语学科教学的生态维度

一、高校英语学科教学的生态系统

高校英语生态教学是一个完整系统，从属于教育生态系统，由一定教育环境的相关要素组成，这些要素可以分别归结为自然环境社会环境和规范环境。教育生态系统以人的活动为生态环境主体，按照人的理想建立一套相应的系统要素。教育生态系统特点包括：社会性，即受人类社会作用和影响；易变性，即不稳定性，容易受到各种环境因子影响，并随人类活动而发生变化，自我调节能力相对较弱；目的性，即系统运行的目的除了维持自身平衡外，还需要满足人的需要。教育生态系统的运行，既遵循自然生态系统的某些规律，也遵循社会系统的某些规律。

"教育生态学是将生态系统内在机理映射到教育领域，并针对二者的相互作用和联系性开展深入研究的新兴学科"[1]。从教育生态学而言，教育生态系统是由生态主体和生态环境构成的有机整体。教育的生态主体主要指学生和教师；教育的生态环境指对教育活动发生作用和影响的环境体系。

教育生态环境包括三个层次，这实际上也是教育生态系统的三个层次：①围绕教育的综合自然环境、社会环境和规范环境所组成的单个或复合的系统，如整个教育工作教育事业；②以单个学校或某一教育层次的某一教学单位为中心，构成、反映其内部相互关系的系统；③围绕学生个体发展而形成

---

[1] 魏丽珍，张兴国. 高校英语教学的生态特性及教学定位探究 [J]. 环境工程，2022，40（2）：2.

的外部环境,即由自然、社会和精神因素组成的系统,如学校自然环境、教育政策、教学活动、教师学生生理心理条件等。其中,高校英语教学生态系统处于第三个层次。

(一)英语学科生态系统的构成要素

高校英语教学生态系统是围绕高校英语教学活动而构建具有生态特性的教学系统,由教学主体(学生、教师等)及其相应的教学环境组成。该系统有其特定结构,正是由该特定结构,决定高校英语教学生态系统的特定功能。教学环境指影响高校英语教学活动的一切外界因素的总和,有自然环境、社会环境和规范环境之分。

自然环境是实施教学行为的基础,直接或间接作用于人的身心、认知及审美能力的发展。教学的自然环境更多地指教学的物理环境或称教学条件、教学资源等。高校英语教学的自然环境是社会环境的物质基础。

社会环境是人类生存及活动范围内的社会物质、精神条件的总和。社会环境在教育生态学中,主要指对教学活动产生作用和影响的各种社会条件,也指教学活动与其他社会组织发生的各种关系,包括从社会、政治、经济、文化到家庭的亲属关系、学校的师生关系、同学关系乃至学生个人的生活空间心理状态对教育的影响。

教学规范环境是社会普遍的、符合教学群体需求期望的教学规范、教学态度和价值观,包括教育传统、教育政策、社会风气、文化传统、伦理道德、科学技术等环境因子,也是教学要求、评估标准、课程设置目标的教学理念、师生的认知观念。

高校英语教学环境既包括课堂教学环境,也包括学校环境与社会语言环境,但主要指课堂教学环境,还包括学生个体生理心理环境。应该特别注意的是,要重视高校英语教学生态系统内外环境的多维镶嵌性。

总体而言,在高校英语教学的一个时空内,教学主体(学生、教师等)和教学环境(非生物因素)共同构成一个互相影响、互相作用,具有物质、能量和信息传递功能的统一整体,以上是高校英语教学生态系统。作为一种独特的生态系统,高校英语教学生态系统同样表现出生态系统的若干基本特性。

（二）英语学科生态系统的等级分类

1. 个体生态

高校英语教学生态关注教育过程中学生个体的存在状态和学生生命体的健康成长。在教学过程中，作为教学生态主体的学生，有着不同的生理特征、心理特征、成长背景，也有着不同的知识结构、语言观、价值观、人生观和世界观，本身就是一个相对独立的生态系统。周围环境（物理环境社会环境和规范环境）对学生个体生态发挥的作用、产生的影响都不相同。个体生态的物理环境是学生所处的物理教学环境，主要指课堂环境和学习条件。个体生态的社会环境，更多地指学生个体与其他个体（学生和教师）之间的关系及其对学生个体的影响。无论是主动或是被动，生态个体总会与其他个体形成某种关系并相互影响，相互作用，而且生态个体往往会把其他个体作为自己的一个镜像。

生态个体的规范环境既有外在的教学规范，如教学要求、学习要求、评估标准等，又有内在的师生教学理念和语言认知观。现代教育强调个性化的教学，对高校英语教学的个体生态进行分析，有利于发掘不同学生的个体潜能，发展学生的个人才智。

2. 群体生态

生态学中的群体生态是指一定栖息地范围内同种或异种生物群体所处的环境状况。在高校英语教学生态系统中，由不同的学生个体、教师个体组成为不同的教学群落，如一个教学班级，一个教学小组。教学群体可以有正式的和非正式的。正式的群体具有较强的稳定性，最典型的正式教学群体是英语教学班级；非正式群体的流动性较强，群体的组成往往出于兴趣、情感或是完成某一教学任务，如学习小组、任务小组、兴趣小组等自然或半自然的群聚体。

在生态教育学中，群体性质不同于生态学上的物种内和物种间的关系，是由于生态教育学的生态群体是由人组成，人除了自然性，更多的是社会性。因此，群体生态包括群体内人与人之间的关系以及心理效应。教育者和教育管理者通常运用心理学中的群体动力学原理研究人和群体的发展。

3. 系统生态

生态系统的生物成分有生产者（主要是绿色植物）、消费者（主要是动物和人）、分解者（主要是各种微生物）。生产者、消费者和分解者各司其职，保证生态系统内外物质流、能量流和信息流的顺利移动和交换，使系统处于动态平衡状态。高校英语生态教学系统中也有生产者、消费者和分解者之分，但是在划分时不同于生物生态系统中生物功能划分得绝对和明晰。

就高校而言，学校、教师等是物质、能量、信息的生产者，学生不仅是消费者又是分解者，学生通过消费、分解学校提供的资源，生成自身的知识、能力和素质，创造社会财富，也为高校提供生存、发展所需的物质能力和信息，由此形成动态平衡的生态循环。教师开发教学资源、传授知识、引导学生学习和思考，实际上是教学生态系统中的开发者；作为消费者的学生接受并内化从教学开发者获得的知识和技能，是对知能和信息的分解利用，学生也会发挥主观能动性，与教师共同开发教学资源，在这个层面，学生又成为教学生态系统的开发者；教师通过教学和科研活动，其教学、专业能力获得提升，教师又成为教学生态系统的消费者和分解者。

总而言之，在高校英语教学生态系统中，每个生物体的功能都是多元多维的，作为教学主体的学生和教师，通过履行职责，使物质流、智能流（信息流）和能量流在教学系统内外循环和转移，保证教学生态系统的有序运行。

（三）英语学科生态系统的构建原则

高校英语教学作为一个生态系统，拥有系统所属的基本特征。按照生态系统的基本特性和教育教学的基本规律，要构建相对理想的高校英语教学生态系统，必须充分体现以下主要原则：

1. 整体性原则

高校英语教学系统是由教学主体（教师和学生等）、教学物理环境（自然环境）、社会环境、心理环境、规范环境（教学目标、教学策略和教学阶段等）等要素构成的统一有机整体。教师和学生脱离教学环境，便不再是严格意义上的教师和学生，而没有教师或是学生的教学，同样不再是教学活动。教学系统中的教学目标、教学策略也不是先于教学系统而存在，而是在教学系统不断优化和发展中逐步形成和完善。关注各个要素的同时要考虑系统整体的平衡性，而系统整体的稳定和发展也是各要素共同作用的结果。因此，在构建相对理想的高校英语教学生态系统时，必须把系统的整体性放在首要位置，并发挥其作用。如此强调整体性，关键在于要使组成系统的各种要素在有规则用的过程中整体发挥作用。

需要特别注意的是，在研究教学系统中各个要素时，既要将学生看成是整体系统中的一个重要部分，又要把学生看作是一个完整的生命有机体，尊重其认知、情感发展的规律，赋予学生完整的生命教育。英语教学策略与教学方法也有各自特点和规律，在尊重这些规律和特征的同时，需要考虑如何优化和加工，才能使其为英语教学系统的整体目标服务。

2. 相关性原则

高校内的教务部门、英语教学机构、学生班级，教务人员、教师、学生、校园环境、实验室、实践基地，教学制度、教学要求、教学模式、教学管理、教学方式等，都是紧密联系、相互依赖、相互作用，作为系统要素，表现为一种相互关联的共生态，各要素互为条件并相互影响，就是系统的相关性。

教师为学生的学习提供服务，学生又是教师存在的条件。同时，学生之间也存在共生性。不同教育群体处于同一个教育生态系统中，为全面发展而创造良好的校风、班风，彼此间相互学习相互鼓舞、相互提高，体现互助和互惠关系。因此，必须高度重视系统相关性的特质，正确处理各要素之间的关系，使之相互协作、相互支持、相互补充、相互理解，才能充分发挥各自的积极性、创造性，形成强大而健康的合力，使高校英语教学环境成为一个充满活力、生机勃勃、有序运行、高能高效的教学生态系统。

3. 有序性原则

构建相对理想的高校英语教学生态系统，遵循有序性原则显得尤为重要。在高校英语教学生态系统内部，各个子系统、各个要素均是层次等级结构，其形态特征是稳定有序的。但实际上，形态特征的稳定有序并不能说明实际运行一定稳定有序，这是在构建相对理想的高校英语教学生态系统时所关注的一个核心问题。需要特别指出的是，对高校英语教学活动总是希望其过程稳定有序是完全正确的，但这种愿望和追求又不能过于绝对，因为波动和无序也是客观存在、不可避免的。

有序使人们便于驾驭局势，便于操控实际工作，实现既定目标，但这样的有序也会束缚和限制人们主动性、创造性的发挥；无序会干扰有组织、有计划、有目的的工作，但是会带来自由发挥和机动调整的新因素，带来可供选新机会，由此而纠正或者完善既定计划方案中实际存在的误差和不足。因而，有序和无序都是人们在工作中发挥主动性和创造性的必要条件，同时又互为限制因素，两者彼此适中才能构成系统的不断优化，这一点对于创建相对理想的大学英教学生态系统格外有启示，因为要构建的系统是一个自由活跃、充满和谐和生机的系统。

4. 协变性原则

协变性是当系统出现变化，特别是出现无序时，通过系统内部的协同作用，使系统实现有序。高校英语教学过程是一个动态起伏的过程，有智慧、有经验的教师会把这种动态起伏把握得恰到好处，做到动静有度，起伏有序。在英语课堂上，教师、学生以及他们的心理情感总是相互作用、相互影响，一个因子的变化会导致另一个因子发生变化，这种变化作为系统要素因子可能是维护系统的有序性，也可能是影响系统的有效性。如果是后者，则要通过系统内的协同组织功能消除这种影响，使系统重现有序。

教师的教学理念将决定其选用的教学模式、教学方法和教学资料，不同的教学模式、方法和教材对学生的知识结构和认知能力将产生不同影响。学生也许一时不适应，但会努力作出心理调整，使知识结构和认知能力适应教师教学发生的变化。学生的认知结构和认知能力变化，又可以改变教师的教学理念，教师或将坚持其教学理念，又或将对已有的教学理念重新理解，甚至放弃。协同变化还表现在教师和学生间的情绪变化，学生的情绪会直接影响教师的情感，在积极的课堂情感环境下，学生的主动参与会提高教师的教学热情。

高校英语教学生态系统的可持续发展在于系统的生命力，即生命存在的能力和生命发展的能力。对于构建相对理想的高校英语教学生态系统并充分体现其可持续发展能力，主要依赖于：一是系统本身的科学性、合理性。换言之，该系统不完全是主观产物，而是客观需要的产物，它的存在、发展、运行是有规律的，是合乎历史逻辑和常理的；二是该系统运动的动力是源源不绝的，有持续不断的信息、物质、能量输入和输出，维持和更新系统本身的动态平衡和发展需要；三是系统运行的可靠性和可控性，即该系统是有序和无序的有机结合，是可靠的，也是可以驾驭和控制的，能够通过有效调节，维持其正常运行的状态；四是系统的各个子系统、各个要素的主动性和能动性，积极的而不是消极的，是主动而不是被动的，是求新求异的，而不是守旧保守的，都有使系统更优的普遍心理追求和实际行动。

（四）英语学科生态系统的构建规律

高校英语教学生态系统的运行有其自身特有规律，结合教育生态学比较有共识的基本规律用于高校英语生态系统中，主要包括以下方面：

1. 平衡与失衡

自然界中的各种因子都是彼此间互相联系和制约，并由此构成统一体。因子之间的相互作用达到一个相对稳定的平衡状态就是生态平衡，可见该平衡态是通过自然生态系统的自我调节而达成。生态平衡是动态平衡而不是静态平衡，是相对平衡而不是绝对平衡。当生态系统受到外部干扰超过生态系统自我调节能力的可控范围时，生态系统将无法维持相对稳定的平衡态，被称为生态失衡。一旦出现生态失衡，各种生态问题会陆续出现。在高校英语教学生态系统中，智能信息、物质在各个因子间转换和循环，各教学因子间的相互作用和制约，使教学生态系统处于相对稳定的状态，但是局部生态中教学失衡现象也会发生，需要通过外部干预或内部自调自控机制干预进行调节，使得教学生态系统达到新一轮的稳定平衡。

2. 迁移与潜移

生态系统的物质流、能量流和信息流的循环与交换，表现为宏观上的迁移和微观上的迁移。高校英语教学生态系统的物质流、能量流和信息流同样也表现出迁移和潜移特性。教师讲授课程、向学生演示语言技能，语言知识、信息流动有明确的流向和路径，这是知识、信息的转移（迁移）。知识和信息通过感官进入学生大脑后，学生的认知结构会发生变化，知识、信息被分解为数据，再由数据合成信息，建构成新的认知，这些新的认知将对学生的身心发展产生影响，特别是由于语言是文化和思维的主要承载，这些新的认知将促成学生或是认知的发展，或是情操的陶冶，又或是价值观、人生观和世界观的发展等，这是知识和信息的潜移。

3. 竞争与协同

同一生态环境中的不同物种之间存在竞争，从长远观点而言，物种间的相互竞争最终会导致协同进化。环境的不断变化给予生物个体进化的压力，而环境不仅包括非生物因素，也包括其他生物因素。在高校英语教学生态系统演化和发展过程中，学生之间的关系也有竞争与协同发展的关系。在教学生态环境中，协同发展表现得更为明显，但竞争关系也使学生学习更有动力。要实现协同发展，需要调整竞争与合作之间的关系。

（五）英语学科生态系统的构建要求

高校英语教学生态模式是高校英语教学系统、高校英语教学政策系统和教师、学生心理情感系统以及高校所处自然环境、社会环境的复合体。构建相对理想的高校英语生态教学系统模式，最关键的是两个条件：①组成该系统的各要素应比现有要素更优越、更强健；②由这些要素所组系统结构比现有的系统结构更优越、更科学，才能保证系统更优越、更高效、更强劲，实现人们对高校英语生态教学模式所期望的功能效果。因此，构建相对理想的高校英语教学生态系统，至少有以下五个方面的基本要求：

1. 英语教学的生态系统必须是一个紧密联系系统

联系是事物本身的固有属性。系统由一定数量并相互联系的要素组成，是事物普遍联系的一种状态。联系导致事物之间及事物内部各要素之间相互影响和相互作用。在相对理想的高校英语教学生态系统中，作为要素的高校各有关部门（尤其是教学管理部门）、各院系（尤其是承担高校英语教学任务的外国语学院）、各专业、各班级以及教师、学生、教学空间等，还有高校英语教学政策系统、教师学生情感系统及其各要素，均应是紧密结合、有机联系的。这些要素的存在和组合需要紧密联系，其组织、机制和秩序要便于系统有目的地运行。因为紧密联系才能构成系统的整体性，才有可能实现整体大于部分之和，这种紧密联系是各要素相互依存、相互制约、相互作用，是系统高效的反应。紧密、有机的联系也是系统的结构性和相关性的保证，而结构性和相关性又是决定系统整体功能的关键，结构愈合理，相关度愈大，整体内能愈好，反之亦然。

2. 英语教学的生态系统必须是一个开放创新系统

开放系统是与周围环境和相关系统发生信息、物质、能量交换的系统，是一个活的系统。开放系统一旦切断与外界信息、物质能量的来源，便会影响系统的稳定有序。同时，系统的自组织能力能够在一定条件下应对和抗拒外部干扰，保证系统的稳定性。开放的系统一定要不断吸收外来事物，以维持和发展自身运动。构建相对理想的高校英语教学生态系统，必须是一个开放系统，也必须吸收外部信息、物质、能量，保证自身运行。教育的开放与交流是人类文明进步的表现，创新是事物发展的不竭源泉，也是系统不断进步、不断优化并朝着最优状态接近的强大动力，对于相对理想的高校英语教学生态系统建设尤其重要。因此，相对理想的高校英语教学生态系统必须是一个改革创新的系统,是一个兼收并蓄、对外开放的系统,以保证系统的可持续发展。

3. 英语教学的生态系统必须是一个稳定有序系统

系统具有严密的结构和稳定等级层次,以体现系统的组织化及各要素之间不可分离的相关性,也是系统运行稳定有序的基础和前提。相对理想的高校英语教学生态系统则,是一个稳定、按规则运行、易于调控的高效高能系统,必须限制、消除无序,保证和扩大有序,也要正确处理有序和无序的辩证关系。高校的高校英语生态教学系统,其结构关系、等级层次、运行秩序都应是严密的、明确的,校级的教学行政管理部门及各相关部门的职责、任务、工作方式与内容,院系及外国语学院的职责、任务、工作方式内容,教师、学生的任务和教学方式、学习方式内容,都要明文提出要求,并要有严格的执行和检查督导机制,才能够及时消除工作中的无序和干扰,保证整个教学活动稳定有序地进行。

4. 英语教学的生态系统必须是一个自调自控系统

为了保持和发展系统的稳定、有序和高效,相对理想的高校英语教学生态系统必须具有自我调节、自我控制、自我纠错的机制和功能。对此,要求系统的自组织能力、环境适应能力、协同调处能力、信息反馈能力强。最关键的是系统不仅能够很快发现外界干扰,而且能够很快发现自身运行中出现的问题,既可以及时对抗干扰,又可以及时自我纠错,使系统按照既定目标继续有序运行。相对理想的高校英语教学生态系统,应该展现自调自控的能力。高校的高校英语教学是一个庞大复杂的系统,系统本身和系统运行受到外界干扰是不可避免的,随时都有可能发生,但出现这些问题的系统,首先要有自己解决问题的能力。

5. 英语教学的生态系统必须是一个充满活力的系统

活力是旺盛的生命力,行动、思想和表达上的生动性以及积极的情绪和心境状态。活力包括三个方面,即体力、情绪能量、认知灵敏性。把"活力"的概念移植到高校英语教学生态系统中并作为一个特定功能,要求相对理想的高校英语教学生态系统具有旺盛的生命力,充满无限生机。具体而言,该系统中的人(管理人员、教师、学生)身体健康,精力充沛,饮食、睡眠良好,业余活动积极向上,思维敏捷、工作和学习效率高,充满自信,追求卓越,动机强烈。

高校英语教学生态系统的管理人员应该恪尽职守，既坚持原则，以人为本，实行人性化管理；教师不断改进教学方法，因材施教，倾听学生意见，课堂生动活泼，既教书又教人；学生学习积极主动，能够把握情感情绪，以饱满的热情上课听课，并热衷师生互动。该系统所遵照执行的各项政策、规定制度，其指导思想正确，内容切合实际，既能规范各项教学活动，又能体现民主管理，调动师生员工的积极性和创造性。

二、高校英语学科的生态课堂教学构建

（一）教学环境的生态课堂构建

语言环境对语言学习有着非常重要的作用，人所处的语言学习环境中各种要素综合产生的作用，最终决定一个人的语言能力。当一个人所处的语言学习环境利于学习时，能够调动学习者学习语言的积极性，使其产生原动力，推动自己积极主动地学习语言。学习语言的环境对于语言学习起到至关重要的作用，语言环境是语言学习者的摇篮。

阅读、写作、听力、口语学习对语言环境的要求不同。我国学生一直是在母语环境中学习英语，英语和其他学科一样，也被视作一门普通课程。因此，学生在英语听力和口语训练上投入的时间，并未达到学习英语最低的时间标准，而培养阅读能力的语言环境相对简单。所以，在汉语环境中学习英语时，阅读能力的培养则成为比较容易的方面。阅读能力是基础性的能力，决定对语言知识的掌握程度，对信息的获取程度，也决定着学生的听力、口语、写作、翻译能力。在高校英语教学中，要始终贯穿提高学生阅读能力训练，因为学生走上工作岗位后，阅读能力对其十分重要，而且现阶段，大部分学校的教学模式更利于培养学生的英语阅读能力。

1. 英语教学与生态课堂之间的联系

课堂和英语教学有着密不可分的联系，对学英语的人的学习效果和人才培养模式有很大影响。对很多学生而言，几乎是在英语课堂上完成学习英语的过程，课堂的学习氛围会对英语教学质量产生极大影响。英语教学要尽可能地多运用英语，再加上母语辅助，在学英语时要有用英语的教学思想，要将课堂环境变成良好的语言教学环境。在英语课堂教学时，课堂氛围可以提高学生的学习积极性，让学生对英语产生兴趣，帮助学生很好地利用课堂生态环境，培养用英语交流的习惯，让学生在课堂教学时一直处于活跃的状态。

◎高校英语学科建设路径与教学研究

　　教师应尽可能地运用英语来教英语的优点是将英语作为交流的介质，这样可以将学习主体（学生）、学习客体（英语）两个要素连接成一个整体。因为英语教学的目的和中间介质是英语，无论是学生还是教师，他们在课堂上都运用英语，为英语输出提供环境。学生在学习英语的同时，也在运用英语，可以把英语教学形式和内容很好地结合在一起，从而提高英语教学效果。使用语言学习语言是交际教学法倡导的理念，是在沟通时通过刺激语言系统本身和激活固有语言信息自身的发展而得到语言。

　　2. 英语学科教学语言生态环境的构建

　　英语教学需要建立一个和谐的生态语言学环境，需要激励学习者在现实和自然语言学习环境下，尽可能地运用现代化的学习条件和信息，不断提升语言使用能力，把社会文化和语言结合在一起。

　　（1）收看英文电视节目或原版影片。语言承载着文化，学习者在看英文原版电视剧时，除了能够学习英语和练习听力外，还能够了解文化和语言之间的相互关系。在观看过程中，除了留意节目中的日常生活用语，还能了解英语文化。所以，看原版影片是一个提高英语应用能力、丰富英语文化知识的有效途径。经常看英文原版影片，还可以提升学生听力，因为在观看电影或者电视剧时，有相关画面帮助听力理解。听音的过程也是一个繁杂的学习过程，学习者不仅要注意节目中的语音，还要记忆和学习听力材料中的新知识，要正确区分日常口语、正式口语和书面语言的表示方法。

　　（2）阅读英语原版书刊。阅读英文书籍不仅能够增加读者的语言知识，还可以让学习者了解英语文化、开阔视野。因此，阅读原版英语书籍和英文读物，能够使阅读者感受英语语言的节奏感，通过其他人的遣词造句，提升自己的整体英语水平。

　　（3）利用网络，畅游英语世界。英语学习者要运用互联网和计算机媒体学习英语。随着网络的飞速发展，学习者通过互联网除了能够找到不同国家科技、经济、文化等方面的英文信息资料以外，还可以听到各种英文演讲。互联网上的音效、文字、图片效果，可以让学习者产生学习兴趣，让学英语变得有乐趣。

　　学习者是英语生态教学模式中的中心，学习者与英语教师、英语语言以及英语学习的整个环境均有关，他们具有相辅相成的作用。提高大学英语课堂教学的质量，"优化大学英语教学的情感环境、社会环境、评价体系及网络环境，创建一个动态、和谐、平衡的大学英语教学环境"[①]。在学习中，教师的教学方法与整体教学效果有很大关系，学生对语言的学习与教师的教学具有相互推动关系；在教师教学过程中，教师能够学到从未学过的知识。在整个英语学习过程中，学习者的学习状态与学习环境有很大关系，如果学习环境和学习氛围好，学习者能够从中获得更多知识。学习者与英语语言经常被人们看成是相互对应的关系，但实际上却是英语生态教学模式的主要组成成分。在学习者学习英语语言的过程中，英语语言对学习者又具有极大的影响力。

英语教师和英语语言联系的重点，是英语教师把握好英语语言的同时，英语语言存在的意义又会影响英语教师对教学方式与教学内容的确定。在当今的英语教学模式中，良好的学习环境和学习氛围，可以为学习者提供一种学习动力，让学生能够更好地融入学习氛围中，进而提高他们的学习效率。

（二）教师教学的生态课堂构建

教师是教学活动的力量源泉，是教学实践的中心，是教学活动的设计者、领导者、组织者，也是教学的执行者。教学是一种让同学认识其他事物的活动，学生作为活动参与者，教学内容作为活动中的认识对象，教师作为桥梁和媒介，将两者串联在一起。在教学过程中，特别是有着生态化语言的环境下，教师不仅要善于引导学生在学习中找到适合自己的学习方式，使之合理运用并获得新的知识，用所学解决遇到的问题，还要深化生态化语言学习，让学生真正获得实际效用。

学生作为活动的参与者，应该知道如何学会学习，而教师要做的，不仅是引导他们的学习方法和思维转向，还要引导他们形成正确且良好的人生观和价值观，更要对学生在语言学习上进行启迪、激励和引导。在学生自主学习方面，教师应该学会引导学生提出问题并能够自己解决问题、自主选择适合的学习方式、自主选择学习目标、自己能够控制和调节学习进程。总而言之，教师在英语生态教学模式中作为有机组成部分之一，有着重要作用。为了实现生态化英语语言教学模式转向，教师需要让自身语言知识文化观、教学角色意识和教学方式发生根本性转变。

[①] 郭坤，田成泉.高校英语生态教学环境的优化[J].教育理论与实践，2016，36（24）：56.

1. 转变教师教学的角色意识

高校英语教学发展至今，已经不只是要达到单一地对英语基础理论知识传递的要求，还增加了英语交际能力与实践能力、语言掌握能力等，对英语教师提出了更高要求。教师要转变自己的教育理念，从传统英语基础理论知识的教学逐步转变成多方面的英语教学。因此，教师要从教学实践前期开始改变，要对学生进行分析，根据学生的个性化特点，制定教学目标、确定学习方法，从而适应各个阶段、各个层次的学生教学。教师要在原有传统教学手段基础上，增加新的教学手段，引入多媒体以及网络教学资源，丰富教学内容、提高教学效果。教师要改变原有的单一内容型教学传递方式，改变原有仅重视理论知识传递的教学方式，应在教学过程中引导学生学会自主学习，调动学生学习的积极性，从而达到更好的教学效果。

在新的教学模式中，要以学生为中心，教师作为教学实践的实施者，要逐步改变原有知识传递者的角色。在新型的教育体系中，教师的作用侧重于引导学生进行自主学习。在学生自主学习过程中，教师又扮演着观察者的角色，观察学生在自主学习过程中遇到的问题与解决问题的方法，并且在观察过程中提出问题，协助学生利用自身能力，寻找问题的解决方法，这个过程对教师观察问题的能力有着很高要求。新型的教学实践对于教师的组织教学能力也有很高要求，因为教学实践已经不仅局限于课堂上的讲解以及课下考核，而是要在课堂实践过程中组织活动，让学生在活动实践中进行学习，这些都是教师角色的转变。

2. 提升教师语言知识文化观

语言学和语言哲学中的一个主要命题是语言知识文化观，因为决定是否能够形成正确的英语教学观。语言观是人们如何看待语言本质，一般而言，教师的语言观对英语教学影响包括：在教学过程中，如设计教学大纲、回应学生在学习中的反馈、组织课堂教学等方面遇到很多问题，而这些都会受教师在英语课堂教学过程及组织的影响。当然，在英语教学过程中，并不是所有的教师都会直接运用语言学知识，而且教师如果只是掌握其中一点语言学知识，并不能解决所有问题。相互联系但是意义不同的参照构架之间的相互作用，才会产生有效解决语言教学问题的方法。

受到教学语言观影响，教师会在教学内容上选择广泛的知识范围，而语言知识选取则会被教师的语言观所影响。英语教师对所教语言性质的认识，也会受到教师语言观中语言学对于语言描写的影响。语言学家从不同的角度，对语言有着不同的理解和描述，工具论的内容指语言只是一种交流手段，作为人类在社会交往时的一种必要手段和人类生存与发展的必要工具，也就是用于交流、表达思想、讨论工作。文化论认为，人类赖以生存和发展的基础是文化，每一个人都是在一定文化气息中长大和生活，而语言则是社会文化大系统的主要构成要素之一。

3. 多元化的语言教学方式

随着社会发展和教学体系的改革，教师在语言教学方式上也要进行丰富，即从最开始完全讲授与接收的课堂教学方法，逐步转变为课本剧表演、课堂讨论等新型的教学方法。此外，教师还可以设计更多的教育教学方法。教师在制定教学方法时，要以能够促进学生发现并掌握新的知识为原则。教师在教学方式设计上要有创新，只有新型的教学模式，才能激发学生自主学习兴趣。兴趣是最好的教师，学生对课程有兴趣，易于取得更好的学习效果。

（三）学生主体的生态课堂构建

1. 提升语言学习时空流变性

时空流变性的建设基于时空的三维性。空间有三个维度，即长、宽、高，同样，时间也有三个维度，即现在、过去和未来，时间的三个维度与空间一样，都需要引起足够重视。从人文角度和心理视角可以观察和体验到现在、过去和未来，也能够确认三者之间的区别与联系。离开时间的三个维度，则谈不上时间流程和时间观念。

语言学习也是一种学习模式的延续，在学习第二语言时不可避免地会受先前母语学习影响。第二语言的学习遵循母语学习规律，并且母语学习的思维将影响第二语言学习思维，表明语言学习也具有时空思维。与英语的生态教学模式理论相吻合。因此，语言学习分维模式是先有各种规模水平的现象和事件的复制与投射，语言学习在空间上也表现出其流变性。

空间流变性是语言的学习会受身边文化变化影响，这个过程会对学习母语过程中养成的习惯与经验进行改变，甚至是重塑。语言学习受时间以及空间的影响，是两者综合作用的结果。

2. 增强语言学习历程影响力

英语教育在进行改革后，将英语课程的启蒙年级降低，在低年级阶段引入英语教学,并且在课堂教学结束后引入评价过程。在每一个阶段学习后,教师都给予学生一个评价,让学生能够通过评价了解自己对于语言的掌握程度,增强学习语言的信心,从而培养学习语言的兴趣,逐步达到自主学习。在评价体系设置上,不能仅考核结果,因为会培养出一批应试教育的学生,不利于他们将来语言交际的实践。

评价体系分为两个方面:①过程评价,即对于学生学习英语的过程进行评价、对学习的态度等进行评价;②结果评价,即在每一个学习阶段结束后,对学生的掌握情况进行结果评价。在这样的教育体制下,教师需要进行自我提升。教师要利用自己的教学能力,为学生提供更多的教学资源和更为丰富的教学方式。如今,互联网技术如此发达,教师应积极引入互联网教学资源、视频教学资源等,让学生在模拟实践过程中获得更好的学习效果,甚至让学生参与视频教学资源的制作过程,可以充分调动学生的积极性,更好地提高学生的英语使用能力。

第二节 高校英语学科教学的文化维度

一、高校英语学科文化维度教学的内容

第一,文化因素。在跨文化交流中,正常会话往往会受到诸多文化因素的影响,社会准则占据着重要地位,在日常生活中运用语时,往往需要遵守各种风俗习惯及规则。社会价值观念、个体人生观、价值观和社会道德等均属于文化因素范畴。

第二,文化知识。为提高学生对英语文化的认识水平,教师应重视扩大文化知识范围,从多个层次和角度出发,对英语国家的经济、历史、艺术等文化背景加以介绍。英语文化教学应重视教学内容的丰富和扩展,给予学生以引导和帮助,这样才能有助于学生国际化视野的形成。

第三,词语文化内涵。在高校英语文化教学中,学生对很多词汇比较熟悉,但学生并未真正把握词汇的含义,这就导致学生的英语水平难以得到显著提升。从高校英语文化教学实际出发,教师应保持讲授的英汉词与词组的对应性,重视不同文化内涵,使学生掌握成语、格言等的文化内容,深入

领会词语文化内涵，为英语文化教学的推进奠定坚实基础。

第四，词语和语篇的文化差异。词语和语篇的文化差异主要包含三种类型：①话题选择。应坚持安全性原则，如英语教材中多见有关城市和天气状况等的词语，应尽可能避免隐私话题和敏感话题。②语法选择。围绕某一话题，应确保语言和方言使用的恰当性。③话语组织。一般而言，英语语篇中的主体是直线型的，通常在段首出现主题句，之后通过平铺直叙的形式来展现文章，运用分论点逐步发展文本中心思想；而汉语语篇则不同，倾向于螺旋形主体，体现出整体性思维，其特点为委婉、含蓄和迂回。

二、高校英语学科文化维度教学的策略

（一）重视学生的主体地位，形成正确文化价值

在全面素质教育大环境下推进高校英语教学中的文化教学，需要充分尊重学生的主体地位，调动学生的主观能动性，保证英语文化教学的层次化，激发学生的英语学习兴趣，增进师生之间的沟通，促进学生英语文化知识学习效率的提升。为促进学生正确文化价值观念的树立，在高校英语文化教学过程中，教师应重视学生文化认同感的培养，确保学生文化人格得以成熟化建立，对中西方文化形成正确认识。英语学习是一个循序渐进的过程，需要在深化学生对英语文化了解的基础上，加强学生对中国文化的学习，促进学生跨文化意识的养成，为本土文化修养的增强奠定坚实基础。

在高校英语文化教学中，应坚持平等、尊重和理解的原则，实现兼收并蓄，凸显教学特色，以中国文化为出发点开展语言沟通，在面对其他文化时应当保持开放和包容的心态。高校英语文化教学活动的开展，需要将素质教育特色充分展现出来，激发学生的民族自信，中西方文化均衡学习，确保学生英语运用能力的强化，提高中国文化表达的精准度，这就能够为学生英语学科综合素养的强化奠定坚实的基础。

（二）构建英语的文化情境，促进多元文化融合

高校英语文化教学活动的开展，应立足实际，对英语文化教学氛围进行创设，确保与教学内容相符合，给予学生以引导，在情境下开展高效的学习活动，促进师生之间深度沟通。在情境的推动下，学生发现问题并探寻恰当的解决方式，英语文化教学质量与效果均可得到显著提升。

为促进高校英语文化教学目标的实现，需要制订合理的教学大纲，保证文化教学的常态化。明确常规英语教学内容，将文化教学渗透其中，明确教学目标、深度、结构及方法等，凸显文化教学的重要性，在日常英语学习中渗透英语文化，在潜移默化中培养学生的文化意识，把握不同民族的文化差异并给予充分尊重。

第三节 高校英语学科教学的整合维度

高校英语学科教学的整合是当前教育改革中备受关注的话题。在知识日新月异的今天，传统的学科边界已经越来越模糊，学科之间相互渗透、交叉，要想培养具有综合能力的人才，单一学科的教学已经不能满足社会的需求。因此，高校英语学科教学的整合显得尤为重要。

一、高校英语学科教学设计的整合维度

高校英语学科教学的整合首先需要在教学设计方面做文章。传统的英语教学往往偏重语言知识的灌输，缺乏对其他学科知识的融入。而在整合维度下，教学设计应该以培养学生的综合能力为核心目标，将各学科的内容和理念有机结合，形成更为完整的教学体系。例如，在英语写作教学中，可以引入文学、历史、社会学等学科的知识，让学生在学习英语写作的同时了解不同学科的观点和见解，从而提高写作水平。

二、高校英语学科跨学科融合的整合维度

高校英语学科教学的整合还需要跨学科的融合。不同学科之间相互渗透、交叉，可以为学生提供更为全面和立体的知识体验。在英语教学中，可以引入科技、经济、环境等学科的内容，让学生了解英语在不同领域的应用，并培养学生解决问题和分析复杂情况的能力。跨学科融合还可以激发学生的学习兴趣，让学生在学习英语的过程中感受到知识的乐趣和应用的意义。

三、高校英语学科教学资源整合的整合维度

高校英语学科教学的整合需要充分整合各种教学资源。在传统的英语教

学中，教师往往是知识的主要提供者，学生是被动接受者。而在整合维度下，可以通过整合互联网、图书馆、实验室等资源，为学生提供更加多样化和丰富的学习机会。例如，学生可以通过互联网查找英语学习的资料和资源，通过图书馆了解不同学科的知识，通过实验室进行实践和探索，从而形成多样化的学习方式。

四、高校英语学科教师团队建设的整合维度

高校英语学科教学的整合需要建设优秀的教师团队。教师是整合的关键，他们需要具备广泛的学科知识和教学能力，能够将不同学科的内容有机结合，形成有吸引力的教学内容。因此，高校应该加强教师的培训和交流，提高他们的跨学科教学能力。同时，要建立鼓励跨学科合作和探索的机制，让教师在教学中有更多的创新空间和发展机会。

高校英语学科教学的整合是适应当今教育发展趋势的必然选择。在整合维度下，教学设计、跨学科融合、教学资源整合和教师团队建设等方面都需要得到重视和加强。只有通过整合，才能形成一个相互促进、综合发展的高校英语教学体系，提高教学质量，培养具有综合能力的人才，适应社会的发展需求。因此，高校应该积极推进英语学科教学的整合，为培养更多优秀的英语人才作出贡献。

第四节 高校英语学科的有效教学维度

一、高校英语学科有效教学的内容选择

高校英语教学内容组织是一个复杂的系统，有效教学内容必须是一个整体概念，既能充分发挥各个不同层次的作用又能充分调动教师、学生两方面的积极性。"在教学内容的选择上，应该尽量选择跟实际交际更为接近的内容、与职业相关的内容，让学生能够学有所得，学有所用"[1]。高校英语有效教学

---

[1] 韩宪武. 新时期高校高专英语有效教学策略初探[J]. 湖北科技学院学报，2013，33(3)：102.

内容选择的原则包括以下方面：

第一，反馈性原则。教学工作，无论是就其纵向的各种序列、层次而言，或是横向的各个单位、教研室以及他们之间的关系复杂情况而言，显然需要做到信息传递迅速，信息沟通合理，信息及时反馈。在此基础之上，才能实施教学内容的有效组织，从而达到预期效果。

第二，灵活性原则。高校英语有效教学内容的组织要具有灵活性，内容包括：①教学内容方法要灵活。语言知识主要是语言的语法和文法，语言技能主要是在语言实际运用上。不同的学习内容方法，其特点也不同，对于学习的主体，学生的状况也不同，教师要结合学生及其自身特点，改善课堂的教学情况，激发学生的兴趣，用兴趣引导学生学习，从而激发学生的学习热情。②语言内容的使用要具有灵活性。语言的本质是交际工具。英语作为运用广泛的语言，要达到生活化，需要在日常生活中多用英语表达，英语作为活的语言，教师可以在课堂上用英语授课，以此达到灵活运用的目的。

第三，阶段性原则。阶段性原则要求英语有效教学内容组织工作既要重视全过程的管理，又要做好分阶段的管理，明确全过程的管理目标，加强对全过程的管理工作，以推动各个阶段工作朝着整理的目标前进。各个阶段的工作做好了，才能使整体目标的实施得到保证。过程由阶段组成，因而贯彻阶段性意义对于教学内容的组织意义重大。

第四，层进性原则。英语有效教学内容组织需要具有层进性原则，在设计教学活动时必须依据合理的、循序渐进的过程，切忌一次性推进，要有过程。过程是从感性到理性，从认知到思考，从思考到质疑，再从质疑到探索发现。只有将这一观点作为基础性原则，才能制定有效的教学方案。在教学过程中，教师也要遵循层进性原则，将学生已有的知识和生活经验，与学生自身所学的内容相联系，并构建框架：首先，教师应使每一个教学环节都循序渐进，不仅要承担这一环节的教学责任，还要准备下一环节的衔接，从而起到承上启下的过渡作用；其次，教师应思考和策划每一个环节，明确目标，才能更好地向目标迈进。

总而言之，上述原则以知识的纵向延伸、横向整合和逻辑顺序以及学生的发展顺序为出发点，是教学内容组织可以信赖和依靠的基本原则，它可以适用于所有学科教学内容的组织。因此，高校英语有效教学内容的组织，也应按照以上四大基本原则来进行组织。

二、高校英语学科有效教学的方法分析

在高校英语教学实践中，教师应该想办法实现英语的有效教学，这样才能更好地实现高校英语教学的目标，培养出极具有专业技术能力，又具有实际使用语言进行交流和处理外企业务能力的应用型的技术人才。

（一）基础知识的有效教学方法

1. 词汇教学的有效方法

高校英语教师进行词汇教学时的有效方法可以包括以下方面：

（1）利用语料库开展词汇教学。

第一，使学生在语境中掌握词汇具体用法。与语境相关的实例在英语语料库中有很多。在具体语境中进行英语词汇的学习会使学生的词汇学习更加简单、容易。学生通过在语料库的语境相关学习中，可以了解到词汇的使用频率、使用方法，了解高频率词语的各种具体使用方法和语言现象，而且学生在具体语境中注意力也会更加容易集中，可以对相应的词汇运用规律进行归纳总结。例如，教材给 outline 这个单词的注释是"概要、轮廓、外形"，在实际应用中，教师可以在语料库中进行检索，找出其应用的几种使用方法和使用频率，或者让学生自行检索。通过检索，学生可以知道 outline 这个单词可以作动词，也可以做名词。在实际教学活动中，教师要先示范语料库的正确使用方法，让学生学会如何使用。通过语料库的使用，学生自主学习和动手能力得到了提升。

第二，对近义词以及同义词进行检索。通过在语料库检索同义词、近义词，可以帮助学生更好地理解同义词、近义词，然后总结出相应的规律进行实际运用。例如，damage 和 destroy 这两个单词都有摧毁、毁灭的意思，是一对近义词，为了方便理解，可以现在语料库中对 damage 和 destroy 进行检索，具体分析二者的使用方法，从而理解这两个单词的不同之处。同样的，也可以用语料库检测多个意思相近的词语。

第三，在检索过程中了解不同词汇搭配。词汇搭配的正确习得可以极大地提高学习者的语言水平，具体表现为输出更准确、更流利、更得体、更高效、更深刻。例如，trend 这个单词有趋势、倾向的意思，将这个单词在语料库中进行检索，可以发现与它有关的词语搭配，包括但不限于 development trend, trend up, short term trend 等短语，可以得知 trend 有多样的使用和搭配方法。

通过语料库的使用，学生可以将学习中习得的词汇搭配与语料库中的词语搭配相比较，从而更新自己的英语学习认知，更好地进行词汇学习。

第四，进行词汇的复习与巩固。除了使学生在语境中掌握词汇具体用法、对近义词以及同义词进行检索、在检索过程中了解不同词汇搭配外，英语语料库在词汇教学中还可以对学生进行词汇的巩固。巩固的方式有很多，这里以练习为例说明。语料库中检索出的内容可以作为练习，练习题的方式多种多样，如判断题、选择题、填空题等。教师隐藏语料库中检索出的部分内容，让学生将正确答案填到隐藏的部分。语料库资源的丰富性使教师能够根据学生的学习阶段和学习情况进行习题的选择。

学生也可以自主地应用语料库对学习过的一些知识进行巩固，同时拓展已知词汇的课外内容。语料库内容的丰富性使学生可以根据自身的学习对性地练习针对性的练习语料库内词汇的应用范围远远大于教材，所以学生可以更好地理解词汇在实际中的使用。对于语料库的使用在促进学生英语水平提升的同时，有利于提升学生的信息技术素养，实现全面发展。

（2）讲授词汇记忆的不同方法。对于词汇的掌握和使用而言，词汇量的增长非常重要，词汇量的增长很大程度上是要靠记忆来实现的。记忆词汇的方法可以包括以下方面：

第一，按题材归类。英语交际中的话题很多，可以对某一话题的有关词汇进行归类，让学生形成系统的词汇学习方法，对某一题材的词汇有系统的认识和记忆，这样记忆更加系统、有效。

第二，归类记忆。按照词根、词缀归类。词汇的记忆异常枯燥，且没有捷径。通过一些方法可以有效提升记忆的效率，如通过词根、前缀和后缀的记忆来扩大词汇量，降低词汇记忆的枯燥感。

第三，联想记忆。联想记忆法是词汇学习中的一种重要方法，以某一词汇为中心，然后发散思维，联想出与这个词汇有关的词汇。联想记忆法不仅可以提升词汇量，还能提高记忆的效率，同时还可以培养发散思维的能力。

2. 语音教学的有效方法

（1）听音模仿方法。高校英语教学中，语音系统学习的主要方式是听和模仿，教师的发音是学生语音学习的重要标准，所以需要教师在规范自己的英语发音、提升能力。教师在进行语音教学时，先让学生在听清、听懂的基础上观察教师的口型，模仿教师的发音口型和方法进行联系。然后，教师再对发音的要领进行讲解，促进学生更好地进行语音学习。例如，教师在英语口语教学时，向学生传递音标的知识，应使学生熟悉发音的器官，了解发音的方法和部位，让学生仔细观察教师规范的声音是怎样发音的，注意一些细节，如嘴唇的开合程度，最后让学生进行练习，掌握发声的正确方式。在学生掌握发音的方法后需要经过反复练习来巩固，除了基础的发音练习外，高校英语教师可以制作国外原声的发音视频供学生进行听音练习，同时教师也可以根据学生实际演练中出现的发声问题进行指导。在听音模仿中，不只有单音模仿，重音模仿、语速模仿、情景模仿、情感模仿和节奏模仿同样重要。

（2）拼读训练英语。高校英语教学的拼读训练可以提升学生的发音认识和能力，要求学生掌握和读出单词中字母的发音。教师进行拼读教学时应该先易后难，先让学生从熟悉的内容开始学起，如元音字母、元音音素和单音节词；然后到双音节词、多音节词，在这里教师需要让学生注意重音的问题。经过长久的拼读训练后，学生才能够依据音标正确发音。

（3）对比训练方法。高校英语教师在进行英语语音教学时，可以采用对比训练的策略让学生对于语音学习有更好的理解。在学习英语时，汉语的语言习惯有时会运用到英语中，这是一种坏习惯，是一种负迁移。例如，有的学生有时会混淆汉语复韵母的发音和双元音，针对这种情况，英语教师需要向学生解释汉语复韵母的发音和双元音的概念、区别和联系，然后进行针对性的训练来养成良好的习惯。另外学生发音的训练也可以运用英语发音中的最小对立体。一般而言，把只有一个音位不同且意义有差异的单词叫作最小对立体。运用最小对立体的方法能够帮助学生牢记语音和语义，同时也有利于提升学生的听力和阅读能力。

3. 口语教学的有效方法

（1）注重网络测试与实施人机对话训练。在"互联网+"背景下，教师可以提供相应的技术让学生对自身的口语水平进行客观的评价，然后可以借助信息技术进行人机对话训练。现代信息技术的应用弥补了这一点。通过信息技术，教师可以让学生更多地练习课外的材料，展开自主学习。

（2）注重过程评价与教师科研相结合。在高校中，一些科研就是为了教学而服务的，科研的成功意味着教学效果的提升，为教学提供更好的指导，教学与科研息息相关。教师在教学中依据发现的问题、评价结果和工作日志来改进教学方法，教师的教学效果得到了改善，教师的科研能力得到了加强。

4. 听力教学的有效方法

（1）听英语通知。在公共场所人们能够听到很多的通知，通知在日常生活中扮演着重要的角色。在高校英语教学中，教师通过收集英语通知的教学资源，让学生体会实际生活中的英语应用，可以有效提升学生英语听力学习水平。在全球化的当今社会，学生有更的机会出国留学，在机场等地区能够听到各种各样的英文通知，听懂英文通知是十分必要的。

（2）听英文影视作品。教师可以选取一些先进的影视作品作为听力教学的材料，尽量选用不包含中文字幕的影视作品，这样才能通过听觉的刺激和视觉的侧面影响，培养学生的听力能力。

5. 阅读教学的有效方法

教师可以通过信息技术建立网络阅读资源库和网络阅读平台，在网络阅读资源库中，教师不仅可以将阅读教学中的重难点上传，还可以上传一些课外阅读材料供学生阅读，提升阅读能力。教师通过信息技术建立的网络阅读平台可供学生在线参与其中，学生和学生之间可以交流经验，教师也参与其中，在学生遇到难点时提供指导。

为了提升学生的阅读兴趣，课外阅读材料的引进十分必要，同时还有利于学生掌握阅读方法和技巧。要想让学生真正地做到"愿意学，有所学"，教师需要为学生采取多样的方式创设灵活多变的内容。其中，吸引学生阅读兴趣的前提是阅读材料不能脱离学生所处的环境，而且要有相当的实用性。此外，校园价值和生活价值也需要在英语阅读教学中体现出来。教师可以通过在线学习平台培养学生素养，也可以在阅读材料中加入专业英语和学术英语来对英语阅读教学进行优化。

高校英语教师可以根据所教的专业从权威英文报刊摘取适合的文章，供学生阅读。英语阅读中的词汇非常重要，教师让学生广泛阅读文献资料的词汇目标是使学生认识并收集出现频率较多的、构成较高比例行文文字、各个学科的学术性书面文字中、在篇章的结构或修辞等起重要作用的学术词汇。教师可以向学生展示下定义、举例说明、描述、解释、对照等专业阅读中的主要语言功能来实现对教学素材的深度分析。进行阅读教学时的翻译层面的目标是使学生能够翻译学术文章的摘要，同时还要能够翻译与所学专业有关的短篇的学术报道和科普文章。进行阅读教学时的写作层面的目标是使学生有质疑读过文章中的一些作者的观点，同时初步具备撰写本专业相关的科普文章和学术报道的能力。

教师在设计阅读教学内容时，为了提升学生对于语言的兴趣度和敏感度，可以将一些时事、名人名言等融入教学视频之中。教师在设计在线作业时，应该加入一些多样化的作业方式，如闯关答题和字谜题。同时学生可以将自己阅读学习的视频录制好后传到教学平台，供师生、生生之间互动。

6. 写作教学的有效方法

（1）延续性教学方法。延续性教学法将写作教学分为若干个阶段，这些阶段在写作教学中的功能和作用都是不一样的，但是具有完整的写作要素的文章在将这些阶段进行连接后就会形成，而且质量良好。延续性教学法有一个弊端，就是不适用于所有的写作教学内容，其中的重要原因是学生不可能将学习时间大量地投入到细节之中，而且学生的学习任务较重但时间和精力都是有限的。教师在采用延续性教学法时需要注意这一点。

（2）平行写作教学方法。平行写作教学法适宜在学生还未进行写作时采取的写作教学方法，是指教师针对某一主题、方向为学生提供一篇主题明确的范文。学生基于这篇范文来决定写作的方向，从而进行写作练习。平行写作教学法可以加快学生的写作速度，同时也可以保证学生写作方向的正确性

（3）网络辅助写作教学方法。步入信息化时代后，计算机技术和信息技术在生活中的应用中越来越广泛，教育领域也不例外。这为网络辅助写作教学法提供了产生的基础，为解决写作教学中的一些问题给出了方案。网络教学相比传统教学不受时间和空间的限制，在网络的帮助下，学生和教师可以随心所欲地进行教学活动。

网络辅助写作教学法是从学生的角度出发，充分发挥学生的主观能动性，教师在网络辅助写作教学法需要扮演好指导者和监督者的角色。网络辅助写作教学法的具体步骤是教师先要为学生布置下写作学习的任务，学生需要主动地在网络上寻找资料、分析资料，将其应用在自身的学习中，化网络上的资料为己用。

（二）英语文化的有效教学方法

文化教学方法是高校英语课堂中的一个有效的教学方法，主要包括以下内容：

1. 对比分析法

对比分析法对于在文化教学中学生区分交际文化和知识文化因素有着重要的作用，同时可以加深学生对于本国文化的理解。例如，运用对比分析法分析英语与汉语效果极好，可以发现这两个不同干系的语言在各个方面都有着巨大的不同，如社会背景、文化发展和社会制度等。通过对比分析英语与汉语，能对比分析表层的语言结构形式的同时，对比语言内涵，这也就是对比分析法的教学效果。

2. 分组讨论法

讨论法在文化教学中被普遍使用，是由于讨论法在教学活动中比较容易实施。在文化教学实践中采取讨论法，先要做的是分组，然后让小组内部进行讨论和探究，讨论和探究的内容可以是对教学内容的对比、分析等。经过讨论，小组的同学们可以更加深入地了解英语文化、感受英语文化。综合而言，讨论法可以使学生促进对知识的记忆，同时提高学生的学习兴趣。

3. 文化体验法

文化体验是培养学生跨文化意识见效最快的方式，文化是一个动态而又鲜活的现象，人们在漫长的历史进程中发展了不同民族的不同文化和历史。文化体验法包含四个步骤，分别是参与、描述、解释、回应。在文化体验法教学中，学校和教师应该组织多样的语言实践活动，学生在参加语言实践活动后，在体验中更加全面、深入地了解英语文化。文化体验法的活动形式多种多样，如舞台剧等形式，这些能够调动学生感官的活动形式可以最大限度地吸引学生的注意力，使学生沉浸在文化教学中。另外，教师在文化教学中可以将英语文化进行整理，组织专门的课程来向学生展示英语文化背景、风俗习惯、历史等。

4. 文化包教学方法

一般而言，可以把将教学内容和讨论形式结合后进行的教学叫作文化包教学方法。作为提升应用英语文化知识的一种重要方法，文化包教学方法同时有助于学生理解本国文化。教师在运用文化包教学方法进行教学时，通常要在文化包内准备一份与国外文化相关的资料，基于这份资料，学生进行自主学习，教师进行课堂教学活动，教师再在课堂上让同学们相互交流探究。例如，高校英语教师在向学生介绍西方饮食时，需要先为学生在文化包内准备一份与西方饮食文化有关的资料，然后学生在教师的引导下进行自主学习和谈论探究，最后小组对西方饮食文化与我国饮食文化做对比和分析。文化包教学方法有助于培养学生的跨文化意识，使学生通过认识、讨论、对比分析来提升英语语言能力。一般情况下，文化包占用的课堂教学时间较少，大概在 10 分钟，而具有类似功能的若干个文化包就可以上升到文化丛的阶段，文化丛的时间比文化包长的多，一般可以占一节课的时间，教师可以通过组织学生进行综合讨论来使学生内化文化丛的知识。

第五章　高校英语学科的教学方法探究

第一节　语言学视域下的英语教学方法

一、英语语言学视域下的英语教学方法

英语语言学是英语语言文学专业培养的一门基础必修课，目标包括系统传授学生现代语言学知识、提高学生英语学习能力、激发学生对从事语言研究的兴趣等。英语语言学视域下的英语教学方法具体如下：

（一）强化英语学科课程定位，明确教学目标

在高校英语语言学教学中，为了提高英语语言学教学水平，要对英语语言学课程进行重新定位，明确英语语言学的教学理念和培养目标，根据市场对英语专业人才的实用性需求，将课程培养重点落在学生专业素质与综合能力的锻炼上，强化对英语实用型人才的培养，提高综合素质。"在理论课程上，通过对理论知识的学习，使得学生基本掌握语言结构，语言功能和具体使用方式，促进学生英语语言学知识的系统化构建，根据英语语言学理论进行实践应用，加强理论知识与语言技能的应用，进而为市场提供大量英语语言专业人才。"[1]

（二）完善英语学科教学内容，丰富教材内容

考虑到高校英语语言学教材的不足，在开展英语语言学教学中，教师要

---

[1] 徐振华，高心涛. 高校英语语言学教学问题透视及优化方法研究[J]. 商情，2018（51）：164.

进一步完善英语语言学教学内容,根据教学目标和教材内容,整合教学资源,引入微课视频的方式,对难懂的专业术语进行解释,帮助学生对深奥且抽象的知识进行理解和消化,突破教学难点,进而提高英语语言学教学的针对性和有效性。同时,在实际教学中,教师可以为学生创设适宜的教学情景,帮助学生对重点知识或是难点知识的理解,通过英语情景,结合学生当前英语思维水平,设计思考问题,以课堂导入的方式,激发学生对英语语言学学习的兴趣和自信心,让学生积极参与到教学活动和知识探索中,主动构建英语语言知识体系,获得全新的学习体验,提高教学效率。

(三)创新英语学科教学方式,提升实践占比

由于英语语言学理论知识过于抽象,学生很难理解,为了提高教学质量,教师要调高实践教学的占比,使得二者相互促进和补充,通过实践活动来理解和消化英语语言学知识,保证教学质量。同时,在创新英语语言学教学方法中,将理论课程与高级英语课程有效结合,培养学生的逻辑思维能力、独立思考能力以及英语鉴赏能力,促进学生综合英语语言能力的提高。

第一,音系学、音位学和高级英语的结合。音系学与音位学作为英语语言学的重要部分,以元音和辅音发音方式为核心,涉及音素、重音、语调以及音节等内容,和高级英语相结合,可以纠正学生的不规范口语发音,将发音、音位等理论知识联系口语实践,提高英语语言学教学的实践性。

第二,形态学和高级英语的结合。英语语言学教学中的形态学内容,主要是对英语词汇内部结构与词法进行综合分析,但是大量词汇不利于学生的记忆,教师在实际教学中,可以将形体学和高级英语进行有效结合,开展融合性练习,引入复合法、转化法以及派生法进行词汇解析,引入拼缀法、缩略法以及截断法进行词汇学习,增加学生对词汇的记忆,提高学习效率。

二、认知语言学视域下的英语教学方法

认知语言学是语言学研究的重要组成部分,在语言学研究中起着不可替代的作用。认知语言学是一门新兴的交叉学科,是语言学与认知科学的交叉和融合。作为一门交叉学科,在语言学研究中发挥着重要的作用。近年来,认知语言学不断发展和壮大,成为研究语言学必不可少的一部分。认知语言学是语言学与认知科学的交叉学科,它不仅具有认知性,还具有文化性。正是因为如此,研究者可以将认知语言学融入外语教学或二语教学中,从而有

利于解决教学中形式与意义、结构与功能等方面的问题。

（一）认知语言学的基本特征

1. 将语义作为中心

目前，语义研究存在着很多的问题，这种研究的薄弱性在很大程度上阻碍了认知语言学和语言学的发展。关于语义，不同的语言学派有着不同的观点。结构主义学派对语义进行了系统分析，并强调了语义与语义关系、义素之间存在的组合关系。而转换生成语法主要研究的是语法的生成与转换，在研究过程中并没有将义素融入其中。生成语义学对语义的研究给认知语言学很大的启示。认知语言学以此为依据，研究了语义，确立了语义的地位，明确了语义的特征，同时认为语义是概念化的。认知语言学指出，语义并不违背人认识事物的范式，符合人认识事物的规律，同时语义还能够反映人的认知能力以及感知世界的经验。

认知语言学十分注重语义研究，并将语义作为研究的中心。概念结构与语义结构之间并不是孤立存在的，而是相互影响、相互作用的。概念结构主要是在语义结构中体现出来，而语义结构的生成与发展又可以在一定程度上促进句法结构的生成，也可以促进词法结构的发展。这样无论是概念结构层面还是语义结构层面，都在相互促进中共同发展，从而有利于推动语言整体结构的发展。

2. 以使用为基础

认知语言学与外语教学非常相关的另一个重要因素就是它的基于使用的特性。关于语言使用的研究，最有代表性的是结构主义理论，强调语言使用与语言结构的抽象知识分离开来。由于人们主要研究语言在结构方面的知识，往往忽略了语言使用与认知结构之间的关系，以及语言使用会在一定程度上影响认知结构。反复的接触和训练对语言学习者认知结构的发展非常重要，从而使他们能够说出流利且合乎语法的话语。还需要指出的是，认知语言学中基于使用的理论认为，语言使用是影响语言认知表征的重要因素，在语言认知表征中起着十分重要的作用。

3. 语言的体验性特征

在早期的语言学研究中，忽略了人在使用语言中所涉及的高级思维活动，也忽略了语言的体验性。随着语言学的发展，认知语言学也在不断发展。体验性是语言的重要特性，人在使用语言的过程中就是感知和体验世界的过程。而语言活动实际上就是人类对世界高级认知的活动，并且这种活动建立在人类感知世界和体验世界的基础上。由此可见，人类的高级认知活动是一个复杂的活动，需要人类感知和体验的共同参与。感知和体验在语言理解中起着重要的作用。倾听别人说话、阅读语言文字等都有利于提高自己感知和体验语言的能力，从而更全面、更准确的理解语言。人们在处理语言信息时，同时也在"体验"被描述的情景。

（二）基于认知语言学的英语教学方法

认知语言学是一门研究人类语言认知过程的学科，它关注人类如何获取、组织、理解和表达语言。在高校英语教学中，采用认知语言学视域下的措施能够更好地帮助学生学习和掌握英语语言技能。

1. 语言输入与输出的平衡

在高校英语教学中，语言输入和输出的平衡对学生的语言学习至关重要。认知语言学认为，语言学习是一种认知过程，需要通过大量的输入和实践来加深对语言的理解和运用。因此，教师应该通过多样化的教学资源，提供丰富的语言输入，如英语听力材料、阅读材料等，帮助学生建立起正确的语言模型。同时，鼓励学生进行语言输出也是非常重要的。通过口语表达、写作等方式，学生可以将所学知识进行实践，并在实践中发现自己的语言不足，进而进行针对性的学习和改进。教师可以采用小组讨论、角色扮演、写作任务等教学形式，促进学生的语言输出和交流，增强语言学习的实效性。

2. 认知策略的培养

认知语言学研究认为，学习者在语言学习过程中运用各种认知策略能够提高学习效率。因此，教师应该注重培养学生的认知策略，帮助他们更好地组织和管理语言学习过程。

（1）意识到语言的结构和规律。学生应该认识到英语有其独特的语法结构和词汇规律，理解语言的组成方式和运用规则。

（2）制定学习计划。教师可以引导学生制定明确的学习目标和计划，合理安排学习时间，提高学习效率。

（3）使用记忆技巧。学生可以运用联想、重复、归纳等记忆技巧来记忆新的单词和句型，加深对语言知识的记忆。

（4）强化反馈和自我评估。学生应该习惯性地对自己的学习进行反思和评估，发现学习中的问题，并及时调整学习策略。

教师在教学中可以通过指导学生使用认知策略，让学生主动参与和管理自己的学习，从而提高学生的学习自觉性和主动性。

3. 文化意识的培养

在高校英语教学中，文化意识的培养也是非常重要的。认知语言学认为，语言与文化密不可分，语言是文化的一部分，通过学习语言，学生也在了解和体验英语国家的文化。

（1）文化背景知识的传授。在教学中传授英语国家的历史、地理、风俗习惯等文化背景知识，帮助学生更好地理解语言的使用背景和含义。

（2）跨文化交际的训练。通过模拟跨文化交际场景，让学生感受不同文化之间的差异，培养学生在跨文化交际中的适应能力和意识。

（3）文化意识与语言表达的结合。鼓励学生在语言表达中融入文化意识，让语言学习不再仅仅是单纯的词汇和语法，更具有生动的文化内涵。

通过培养文化意识，学生可以更深入地理解和运用英语，增进跨文化交际能力，提高语言学习的整体水平。

综上所述，认知语言学视域下的高校英语教学措施包括语言输入与输出的平衡、认知策略的培养以及文化意识的培养等方面。这些措施有助于提高学生的语言学习效率和学习兴趣，培养学生跨文化交际能力，使高校英语教学更加有效和有意义。教师在实际教学中可以结合认知语言学理论，创造积极的学习氛围，激发学生的学习热情，帮助他们更好地掌握英语语言技能。

三、系统功能语言学视域下的英语教学方法

语言学理论对语言教学有一定的指导作用，系统功能语言学也不例外，它极大地推动了英语教学变革。系统功能语言学理论内涵丰富，其中的语域以及语境理论都在一定程度上促进了英语教学的积极进步与发展。在该理论的影响下，人们越来越发现语言是一个复杂的系统，需要对其进行深入研究；语言与社会关系密切，必须进一步了解语言的交际功能。

（一）系统功能语言学及其特点解读

在系统功能语言学看来，语言是一个系统，且这个系统中包含许多不同的层次，主要有语音学、词汇学、语义学等。强调语言研究并不应着眼基于

结构，而是要系统地看待语言，语言是有规律可循的，要注意探究语言的功能。通常而言，系统功能语言学是由两部分组成的：一部分是"系统语法"；另一部分则是"功能语法"，并不是将这两部分简单相加就构成了系统功能语言学，而是说二者是系统功能语言学的重要组成部分。

系统语言是用来解释两方面的内容的，它可以对语言的内在联系予以揭示，也可以解释语言与意义的关系。同时系统语法还对语言的表现形式与结构进行了区分，认为表现形式是一种聚合关系，所以是第一性的，而结构是一种组合关系，所以是第二性的。

功能语法主要的观点为语言是一种社会性的工具，可用于人们之间的社会交往。语言系统的形成与人们的语言使用是分不开的，人们交往过程中为了实现不同的语义功能而灵活使用语言，这样就形成了语言系统。所以，人们在进行交际时一定会考虑自己需要实现的功能，因为这样他们才能在语言系统中作出正确的选择。

在系统语言学看来，语言不是凭空产生的，它是人类社会活动的产物，并且承载着不同的功能。一般而言，纯理功能是由三部分组成的：第一部分为概念功能，这一功能可以从两个方面体现出来：一方面是及物性系统的表现形式；另一方面是语态的表现形式。第二部分是人际功能，人际功能经常"出没"在语法中，不仅可以从语气系统、情态系统中体现出来，而且还可以从语调系统中体现出来。第三部分是语篇功能，该功能的实现形式有三种，分别为主位结构、信息结构与衔接体现。所以，系统功能语言学主要的研究任务为，人们怎样在社会文化语境中通过意义潜势的选择来实现不同的语义功能。

系统功能语言学的主要特点可以从两个方面体现出来：第一，研究范围广。系统功能语言学研究的范围非常广泛，它不仅可以研究语音学、词汇学、语法学，还可以研究语义学、语用学等内容，广泛的研究范围同时也充实了系统功能语言学的内容体系。第二，实用性强。系统功能语言学在不少领域获得了应用，可以应用在外语教学上，也可以应用在翻译研究与文体分析上，可见它具有非常强的实用性。

（二）基于系统功能语言学的英语教学方法

1. 语言功能导向的教学

系统功能语言学强调语言是用来实现交际和实现社会目的的工具。因此，在高校英语教学中，教师应该注重培养学生的语言功能，而不仅仅是词汇和语法的学习。例如，教师可以引导学生学习如何在不同场景下进行有效的交流，包括演讲、辩论、写作等。通过这种功能导向的教学，学生能够更好地理解语言的真实运用，并提高自己的语言表达能力。

2. 文本类型教学

在系统功能语言学中，语言是通过不同的文本类型来实现不同的功能。因此，高校英语教学应该注重不同文本类型的教学，包括说明文、议论文、新闻报道等。通过学习不同类型的文本，学生能够了解不同语言特征和表达方式，进而在实际运用中更加得心应手。

3. 上下文意识的教学

系统功能语言学强调语言的意义是通过上下文来确定的。因此，在高校英语教学中，教师应该培养学生的上下文意识。这包括理解词汇、句法和语篇结构在不同语境下的含义和用法。通过上下文意识的教学，学生能够更加准确地理解和运用英语，避免产生误解。

4. 跨学科教学

系统功能语言学强调语言是与社会和文化紧密相关的。因此，在高校英语教学中，教师可以结合其他学科，如文学、历史、社会学等，来进行跨学科教学。通过这种方式，学生不仅可以学习语言本身，还能了解语言背后的文化和社会因素，增进对英语的全面认识。

5. 反思和批判性思维

系统功能语言学强调语言是有目的和有意义的。在高校英语教学中，教师应该鼓励学生反思自己的语言运用，包括语言的目的、效果和文化背景等。同时，教师还应该培养学生的批判性思维，让他们主动思考不同语言选择背后的原因和影响。通过反思和批判性思维，学生能够更加自觉地运用英语，同时也增强了他们对语言的理解和掌握能力。

在实施这些系统功能语言学视域下的高校英语教学措施的过程中，还需要教师和学生的共同努力。教师应该不断提升自己的教学理念和教学方法，积极参与教学研究和教学改革。而学生也应该积极主动地参与学习，提高学习的主动性和积极性。只有通过教师和学生的共同努力，才能真正实现高校英语教学水平的提高，培养出更多优秀的英语人才。

四、社会语言学视域下的英语教学方法

20世纪60年代,社会语言学作为新兴的语言学科发展了起来。社会语言学在经济以及教育领域都具有一定的影响力,因此该学科的理论与实践研究迅速得到发展。社会语言学对于英语教学领域的发展也具有一定的促进作用。本章主要从社会语言学的基础知识入手,探讨了社会语言学在英语口语与翻译教学中的应用,并对社会语言学在英语教学中的意义与改革策略进行了探讨。

社会语言学作为语言学的一个分支学科,产生于20世纪60年代中期。1964年5月,由语言学家和社会学家发起在美国召开了首届社会语言学大会,会后由布赖特编辑了论文集《社会语言学》,并于1966年出版,论文集提出了社会语言学研究的诸方面问题。会议和论文集所包括的内容,说明社会语言学已经被正式提出。20世纪60年代以后社会语言学受到语言学界的广泛重视,不仅有相当多的社会语言学专家,有大量的论著,而且还有专门的学术杂志,如《语言中的社会》《国际语言社会学杂志》以及《语言的变异和变化》《社会语言学杂志》等。

社会语言学的诞生是语言学发展到一定阶段的产物。传统语言学跟社会文化有着密切的关系,历史比较语言学必须在社会历史的基础上展开分析研究,但是部分研究却忽视了语言单位、语言要素之间互相依赖、相互制约的关系,而把语言事实作为孤立的现象来处理。20世纪初出现的结构主义语言学、转换生成语言学强调从语言结构内部来研究语言,把语言作为一个独立的系统来处理,把探讨语言内部规律作为唯一的任务,忽视了从语言外部来研究语言。语言系统绝不是封闭的、独立存在的,它与许多其他学科都有着联系,由此便形成了各种语言学的分支学科,包括心理语言学、神经语言学、计算语言学、人类语言学等,这些分支学科从语言外部的不同角度来研究语言,社会语言学就是这些新学科的一种。社会语言学的兴起,还跟相关社会科学如社会学、人类学、心理学、有着紧密联系,这些学科为社会语言学的形成和发展提供了许多有用的概念和方法。社会语言学的学科特点主要包括以下方面:

第一,社会语言学具有综合性。社会语言学要借助其他学科的理论和方法来研究相关的社会语言现象及其问题,该学科本身就是语言学、社会学、人类学等不同学科相互结合而建立起来的。要想研究社会语言学,既要掌握

语言学的相关知识，也要充分涉猎其他学科的知识。例如，在研究社会语言分化的问题时，其研究内容除了语言学知识之外，还涉及社会分层、社团确立等社会学观念；研究语言的各种变异的具体情况需要借助于社会学的统计、调查等方法；研究双语政策、双语教育、语言教育规划，需要教育学的相关知识；研究语言跟文化的关系就需要人类学、文化学的相关知识；研究语言的地域变体就跟地理学、移民史等有关。总而言之，社会语言学具有极强的综合性，也具有一定的边缘性，其跨学科特性非常突出。

第二，社会语言学具有应用性。社会语言学属于应用语言学的范畴，因此该学科具有明显的应用性。其应用性在语言文字的地位规划和本体规划上的表现尤为突出，社会语言学可以为双语教育态度的分析、双语教育模式的制订或选择、双语教育的评估等提供理论上的依据，语言变异跟社会阶层之间的对应关系的研究成果可以为语言社区教育（如语言偏见矫正）提供指导，语言跟文化关系的研究可以应用于跨文化交际，语言和社会关系的研究可以为词语的社会意义研究提供线索。社会语言学研究成果还在商业（如广告文化、商品品牌名禁忌）、法律（如法律语言的话语分析、功能辨别，法律文本的可读性指导）、医学（如医生跟病人交谈时的话语选择、交谈方式、话语模式等）、行政文书（如语体和用词）、第二语言习得（如交际适应理论和中介语问题，涉及跨文化交际）、文学研究（如文学话语分析模式中的社会语言学分析等领域，为文学研究提供了新的角度，社会语言学还可以为文学作品中人物角色的社会地位、身份认同、叙事方式、话语模式、语言表达等的分析提供帮助）等方面有较为显著的实用价值。

第三，社会语言学具有实验性。社会语言学要联系社会来研究语言问题和语言现象，因此常常会借助社会调查法、科学实验法和现代统计测量等方法。例如，拉波夫的代表作《纽约市英语的社会分层》，这篇社会语言学的经典论著就采用了社会调查和科学实验的方法，采用了随机抽样法选取调查对象，根据社会变量值来划分调查对象的层次，又用谈话法和观察法设法诱导和分离出随情景而异的语体，用录音机记录调查素材，对调查得到的材料进行统计和量化分析，最终使语言变项与社会阶层对应起来，从而使社会语言学取得了突破性的进展。

（一）社会语言学视域下的英语教学意义

1. 可以明确英语教学学科性质

在具体的教学实践中，学校可以通过在教学中应用社会语言学来明确英语这门学科的性质，其具体表现在：第一，对于院校而言，它们通过社会语言学的相关知识可以让教师以及管理者明晰英语教学活动和社会发展之间的紧密联系；第二，可以把英语教学活动当作研究社会语言学的重要方式和途径；第三，在具体的英语教学实践中，教师应该适当地建立语言教学和社会之间的联系；第四，英语教学内容里面实际上包含了很多社会语言学的知识和内容，英语教师应该在实际的英语教学中合理运用这些语言学知识。

2. 有利于强调语言的社会功能

将社会语言学应用到英语教学中还有利于增强语言的社会功能，其具体表现在：第一，语言具有较强的社会性功能，人们在社会生产和生活中使用语言的主要目的就是为了与他人进行沟通和交流，这也使教师更加清晰和明确了英语教学的内容，从而可以在一定程度上优化和改进当下的英语教学；第二，对于英语教学而言，社会语言学为英语教学提供了理论层面的知识支撑。众所周知，学校开展英语教学的主要目的就是为了让学生在社会沟通中学会使用英语交流。

3. 增强对语言文化因素的重视

目前，很多院校基于社会语言学的视角来分析和改革学校当前的英语教学，这也使得越来越多的学校开始在实际的英语教学中重视文化这个重要的因素，这主要表现在两个方面：第一，社会语言学的知识可以为英语教学和文化教学提供很好的切入点，使英语教师可以在课堂教学中恰当地融入文化知识，同时进一步加深学生对不同文化的理解，这也易于学生形成跨文化交际的意识；第二，社会中很多文化因素以及知识等能够对英语教学起到很好的积极作用，使学生提升自身英语的听力、阅读、口语、写作以及翻译各方面的能力。

（二）社会语言学视域下的英语教学策略

1. 重视英语的交际能力

（1）促进英语教学中的口语交流。基于社会语言学视角的学校英语教学改革可以大幅度提升学校的英语口语教学水平和效果，其具体表现在如下两个不同层面：第一，每个学生的英语口语交际能力有一定的差异，而且学生的英语口语交际水平会受到很多因素的限制，如英语语言的使用情境、学生已有的背景知识以及学生对英语语言的感知力等。因此，在具体的英语教学中，教师应该适当地引入语言学的相关知识等，从而提升学生的语言应用能力和口语水平。第二，教师应该在英语教学中引入多样化的教学活动，从而丰富学生的英语学习，为学生的英语口语训练提供更多的机会，并激发学生的英语学习兴趣，使每个学生都乐于开口说英语。

（2）重视语言的变化性。在具体的英语教学实践中，英语教师应该在具体的教学中引导学生关注和重视语言的变化。教师不仅要引导学生意识到每个学生的英语口语都不同，都有一定的差异，教师还要引导学生意识到特定语境中的语言风格差异和变化。

2. 增强英语的文化意识

社会语言学的研究是一项综合性的研究，它不仅重视研究语言的文化属性，它还重视研究语言的社会属性。教师将社会语言学知识应用到英语教学中可以使学生认识到英语教学中文化意识的重要性，从而使学生在应用语言的过程中重视文化的因素。第一，在具体的英语课堂教学中，教师在课堂中讲解英语单词或者短语时，不仅要向学生讲解明白词汇的各项功能，还要补充讲解一些词汇背后的文化内涵等，从而使学生明白应该在什么样的场合和语境中使用某个词汇等；第二，在实际的英语教学中，教师要向学生强调汉语和目的语国家的文化差异，这样有益于学生的语言学习，培养学生的文化意识。

3. 强化英语的语篇意识

在实际的英语教学实践中，语篇是一个重要的因素，它能够为英语的内容提供一定的语境范围。第一，在目前的英语教学中，教师应该改变传统的语篇教学方式，重视语言使用的语境分析；第二，在英语教学中，语篇教学是一个重要的组成部分，语篇教学能够帮助学生从更加全面和宏观的视角来分析英语这门语言，使学生掌握一定的知识点。

4. 加强英语材料的质量

关于英语教学中教师和学生使用的英语教学材料，教师应该采取一些措施来改进和提升现有英语教学材料的整体质量：第一，英语的教学材料里面应该增加提升学生听、说、读、写等各方面综合实力的材料；第二，学校的英语教学材料编写应该重视学生的学习。

第二节　跨文化交际下的英语教学方法

一、跨文化英语教学及其方法探究

语言与文化是共生的，二者相互影响，相互作用，一方都不可能脱离另一方面存在。因此，在英语教学中，教师不仅要向学生传授英语语言知识，而且还要积极为学生创设绝佳的语言环境，使其可以在具体的语言环境中学习词汇、语法知识，形成学生跨文化的语用意识，了解英语国家社会习俗、文化习惯，长此以往，学生的跨文化交际能力必定会有所提高。

（一）跨文化英语教学的意义探讨

1. 现实意义

语言与文化相互影响，并由交际连接起来。人们学习语言与文化的经历会对其思维的形成与发展产生一定的影响，正是因为如此，说着不同语言、处于不同文化背景中的人才会形成不同的思维模式，而思维是交际的基础，有着怎样的思维模式便有着怎样的交际习惯。其实这也在表明，语言、文化与交际之间的关系是非常密切的，他们彼此总是相互影响的。人们在运用语言交际的过程中会将自身的价值观、思维习惯等文化层面的内容表达出来，而社会文化又在一定程度上给语言提供了形成与发展的"营养基"。交际则是作为一种中介，将语言与文化紧密地连接起来。

语言、文化与交际之间密切的关系对外语教学产生了较大的影响，语言教学即文化教学，而且这种观念甚至被传播开来。早期的外语学习是一种单纯地停留在语言本身上的学习，不过，这里需要指出的是，虽然早期的语言学习确实也让学习者具备了一定的语言技能，但是这并不意味着这种学习是一种真正意义上的语言学习，这是因为学习者只是获得了一个与母语不同的符号系统。该符号系统是单纯的语言系统，学习者并没有掌握外语的文化符号系统，这导致学习者在使用外语进行表达时只能表达一些浅层次的内容，如果他们想要与目的语语言群体进行深层次的交流，往往是不可行的。很明显，单纯的语言符号系统虽能独立存在，但是当其被应用时必须要与文化符号系统相结合，否则其就像没有血肉的身躯，没有任何活力。

依据不同的标准可以制定出不同的英语学习目标，而且不同的教育场所对学习者的学习要求也不同，学校重在培养学生的外语交际能力。学习者外语能力的提高的前提条件是其必须要了解目的语的文化，并且在了解目的语文化的基础上，完成对该文化与自己母语文化的对比，这样就能保证自己可以熟练地掌握两种文化，毕竟语言的学习涉及的也是两种文化的学习。因此，对于语言教学而言，如果教师只是关注语言符号与形式，而不对文化教学予以重视，这必定会削弱语言教学的效果，同时，学生的跨文化交际能力培养与提高也会受到一定程度的影响。

（1）跨文化交际能力是人才培养需要。跨文化交际能力的培养不仅对个体发展有重要的影响，而且对国家，甚至对世界的发展都有一定的影响，跨文化交际能力培养问题因此受到了人们的广泛关注。在这个背景之下，跨文化交际学也形成与发展了起来，它是一门注重跨文化研究的学科，提倡要对语言学习者进行跨文化培训，为培养跨文化交际人才提供了学科指导。不过，需要明确的是，跨文化交际能力的内容十分丰富，不仅包括学习者的情感、心理等行为层次，而且还包括价值观、交际模式等文化层次，可见，一般培训时间较短的跨文化培训对于学习者跨文化交际能力的培养并没有实质性的帮助。要想实现学习者跨文化交际能力的显著提高，跨文化交际学必须将文化人类学、心理学等学科相结合，这样跨文化交际能力理论将会更加充实，在语言教学中培养学习者的跨文化交际能力就能变得十分顺利。

现代社会对英语人才的要求越来越高，不仅要求英语学习者要掌握一定的语言理论知识，而且还要具备跨文化交际能力，尤其是在全球化进程不断推进的背景下，跨文化交际能力显得愈发重要。"高校的英语教学旨在提高学生在跨文化交流中的技能，以满足全球化的发展需求。"[①]跨文化英语教学必须要肩负起应该承担的责任，努力为社会输送具备较强跨文化交际能力的英语人才。

（2）跨文化英语教学是教学发展需要。英语教学虽然是一门强调应用的

---

① 柳菁菁. 试论高校英语教学中跨文化意识培养[J]. 食品研究与开发，2021，42（22）：252.

学科，但是其理论体系的构建同样重要，而且因为这一学科受到教师教育观念、学生学习心理以及社会环境等多重因素的影响，以至于其理论体系的构建必须要与其他学科的研究成果相结合。与此同时，英语教学主要为社会输送社会需要的人才，因此教师的教学理念必须要与时代发展需求相适应，教学大纲也应该与时俱进。在多元文化发展的今天，文化为英语教学打开了一条新的发展道路，跨文化英语教学逐渐被提上日程。

总而言之，跨文化英语教学意义重大，要对其予以足够的重视。一方面，文化确立了其在英语教学中的重要地位，它为学生的语言学习提供了比较真实的语境，使学生在语言学习中能考虑文化场景，连接真人、真事，这就在一定程度上激发了学生学习英语的积极性，并促进了英语教学质量的提高；另一方面，语言教学与文化教学的结合符合跨文化交际能力培养的需要，学生学习文化的渠道广泛，尤其是在信息技术快速发展的今天，他们可以从互联网上轻易地获得自己想要的文化知识。但需要指出的是，通过网络渠道获得文化知识只是一种间接的文化学习，而通过语言学习文化知识则是一种直接的学习，学生在语言学习中可以亲身体验文化，从而使自己可以在情感与行为层面上与跨文化交际能力培养的要求相一致。因此，在英语教学中开展跨文化培训能够取得良好的效果：一方面，使学习者语言学习的需要得到了满足；另一方面，让学生的跨文化交际能力获得了培养与提高，这同时也表明，英语教学的潜力被挖掘出来了。

2. 研究意义

（1）跨文化英语教学研究在英语教育中地位。跨文化英语教学研究对于跨文化英语教学有着很大的现实意义，这是因为二者存在一定的共性，跨文化英语教学研究的目的是培养人们的交际能力以及其适应不同文化的能力，而中国跨文化英语教学把帮助学生完成成功的跨文化交际，提高其跨文化交际能力看作教学最根本的目标。

语言与文化关系密切，相互作用、相互影响，这让文化在语言教学中也占据了非常重要的地位，其实也在表明，在英语教学中，文化是必需的内容，是学生进行跨文化交际的基础。在英语学习中，学习者总是能体会到母语对英语学习的干扰，但是他们并没有认识到文化也能对英语学习产生影响。其实，文化对语言学习的影响很大，一个人要想获得成功的交际，其不仅要掌握一定的语言知识，更重要的是，其还必须要了解交际对象的文化背景，并对相关文化知识做到清楚的掌握，这样才能促成成功跨文化交际的实现。

第一，跨文化英语教学研究为跨文化英语教学实践活动提供理论支撑。英语教学受到许多因素的影响，这些因素包括语言环境、社会规范以及文化规则等，只有将这些因素与语言符号系统紧密结合在一起，才能实现英语教学的有效性，学习者也才能顺利地完成跨文化交际。而对影响英语教学的这些因素所进行的研究，其实也是跨文化英语教学研究的一部分。随着英语文化教学的不断开展，跨文化英语教学研究可能会成为英语教学的重要部分，为英语教学实践活动的开展提供理论支撑。跨文化英语教学研究成果源于教学实践。例如，对跨文化英语听力教学进行研究就必须要对英语听力教学实践展开必要的分析，在英语听力理解中，教师经常会听到一些学生在抱怨明明自己已经花费了很多时间去训练听力，可是效果并不好，尤其是当其听到一些生词时，其理解起来相当费力。究其原因就是学生对英语语言背后的文化没有做到清楚的了解，如果他们能对西方文化有深入的了解，那么即使他们不懂得这个生词的意思，只要联系一下该词汇所处的文化语境，其实就能明白其意思，进而也就能顺畅地理解听力材料的内容。文化对听力教学的影响可见一斑，我们可对这一问题展开探讨、研究，还可以将研究成果应用到后续的听力教学中。

第二，跨文化英语教学研究指导跨文化英语教学根本目标的确立。跨文化英语教学的根本目标就是要培养与提高学生的跨文化交际能力，而具体通过跨文化英语教学实现这一目标就需要一定的理论支持，跨文化英语教学研究就为目标的实现提供了必要的理论支持。跨文化英语教学研究会包括对跨文化英语教学目标的研究，而且这些研究都是在分析、总结跨文化英语教学实践的基础上得来的，因而既科学，又合理，对跨文化英语教学目标的确立有一定的指导作用。

（2）英语跨文化教学研究推进英语教育进程。当前，国家大力提倡素质教育，培养学生的人文素质、创新素质等已经提上教育的日程，并且开始在高校各专业教学中具体实施。英语跨文化教学在语言教学的基础上重视文化教学，有利于学生掌握较为全面的文化知识，帮助其培养自身的文化素养。而究竟怎样在英语跨文化教学中培养学生的人文素质，这不仅需要教师的努力，而且还需要研究者们的助推，英语教学研究者们通过对英语跨文化教学规律进行探索总结出了不少跨文化英语教学方法，以及一些培养学生人文素质的策略。这些研究成果极大地推进了英语素质教育的进程，使英语教学也能成为素质教育实施的有力工具。

（二）跨文化英语教学遵循的原则

从语言使用层面上来看，语言使用需要在一定的文化环境中进行，正是从这两方面看，英语语言教学必然会涉及跨文化教学，而且跨文化教学必然也会通过语言教学来实现。跨文化英语教学活动的开展需要遵循以下原则：

1. 输入与输出并重的原则

跨文化英语教学中的知识的输入与输出可以从以下两个方面具体展开。

（1）文化层面。英语教师在跨文化英语教学中，要让学生明白西方文化对于英语学习固然重要，但是如果不了解中国文化，不清楚中西方文化的差异，英语学习也只能停留在语言层面，深层次的文化学习是无法实现的。同时，教师要加大在英语课堂上中国文化的输入，让中国学生了解到中国文化的魅力，从而使其可以在与外国人进行交际的过程中向其进行中国文化输出。

（2）语言层面。跨文化英语教学并不是简单地将文化知识直接展现在学生面前，让其学习、消化，而是要以语言为载体，使学生完成对文化语言知识的输入、吸收，当学生进行文化语言输出时，其就能完成高质量的输出。文化语言输出是十分有必要的，其最重要的作用就是要树立学生的自信心，这样就能在跨文化交际中使用流利的文化语言完成交际。在跨文化英语教学中，输入与输出这一原则对于培养学生文化知识的双向导入的能力至关重要，可以让学生在国际交往中用英语友好而顺畅的交际。

2. 教学的有效性原则

跨文化英语教学的最终目的就是要对学生进行跨文化交际能力的培养。有效交际的实现需要一定的条件，前提条件是交际双方要共享一套语言系统，而其他条件还包括交际环境、情境以及规范系统。这里的交际环境包括两部分：第一，宽泛的交际环境，它主要包括地理环境、文化环境等，这类环境能对交际产生间接的影响；第二，具体的交际环境主要包括交际双方的角色、交际发生的具体场合等，这类环境一般可直接对交际产生影响。情境一般是指文化情境，是交际双方在交际时所处的文化背景。规范系统是保证交际双方交际顺利进行的基础，双方都必须要遵循一定的规范。

文化英语教学内容其实十分丰富的，教师要实现教学的有效性，就必须要对将这些内容都纳入教学中来。具体而言，文化知识的引入可以循序渐进进行。首先，可以将地理文化、情境文化这类相对而言比较浅层的文化引入教学中，先让学生对文化有最基本的了解。其次，教师再将文化深层次的内容——价值观与社会规范引入教学中。这种内容设计与组织是符合教学规律的，因此教学的有效性能很快实现。

3. 与语言教学相融合原则

跨文化教学并不仅仅是文化层面的简单教学，它必须要与语言教学结合起来，这是因为跨文化英语教学的目的是帮助学生培养其跨文化交际能力，使其在跨文化交际中能规避语用失误。因此，跨文化教学绝对不可能离开语言教学而存在。文化教学必须要与语言教学相结合，教师最好可以将文化内容贯穿到语言教学的所有环节中。学生在学习语言的过程中，同时也完成了对文化知识的学习，对于语言知识与文化知识的扎实掌握，能够帮助学生认清文化教学与语言教学的关系，同时也能帮助其进行成功的跨文化交际。

4. 以文化学习促进语言学习原则

英语课程是一种兼具工具性与人文性的课程，要求学生不仅要掌握基础语言知识，而且还要掌握语言背后的文化知识。因此，教师在进行大学英语课程设置时，必须要考虑学生的文化素质培养以及跨文化交际能力提高问题。

语言是文化的载体，它记录与传承文化，所以语言的教学与学习也不可能脱离文化而存在。同时，因为语言也承载着丰富的文化，所以语言也变得更加多姿多彩，语言的使用才更加灵活多样。因此，学习者学习英语，不能仅仅学习语言知识，而且还要了解语言背后的文化内涵，只有这样，其才能灵活地使用英语。而对于英语教师而言，在英语教学过程中，其不仅要向学生传授词汇、语音、语法等语言知识，而且还要向学生传授文化知识，让其将文化知识的学习融会贯通到语言学习中，这样其语言综合运用能力就能有所提高。

英语教学应该强调以文化为中心，学生在学习语言的过程中完成对文化知识的学习。不过，这里的文化知识是全面的。跨文化英语教学给学生提供的文化知识很全面，这可以在一定程度上拓展学生的知识面，拓宽其文化视野，在此基础上，其就能了解到文化知识对于英语语言学习的重要性，从而根据自己实际的学习情况调整自己的学习目标与学习计划，将文化知识学习纳入自己的学习体系之中，对中西方文化知识的了解与掌握，能帮助学生成为真正的跨文化交流人才。

(三)跨文化英语教学的基本内容

1. 目的语教学和目的文化教学

目的语教学与目的文化教学这两方面教学内容与当前英语教学内容是一致的,经过这两类知识的学习,学生不仅能够掌握目的语语言知识,而且还能运用所学的知识与目的语群体进行有效的交际,这种能够有效交际的能力就是外语交际能力。此外,在这两个模块教学中,还可以增加语言意识和文化意识教学。之所以要将语言意识纳入模块之中,主要的原因就是希望学习者在学习完英语之后,可以将英语与自己的母语进行比较,进而发现二者的差异,总结语言的普遍规律,最重要的是要能认识到社会、文化在语言形成与发展过程中所起的重要作用。而培养学习者的文化意识则是让他们对中西方文化有足够的了解,保证其跨文化交际能力能有所提高。文化教学还涉及文化交流这部分的内容,文化交流是学习者本族文化与目的文化之间的交流。学习者在学习英语的过程中还要多接触西方文化,从而保证自己可以在中西文化对比中认识到本国文化的优势以及西方文化学习在英语教学中的重要性。文化交流与文化使用并不是单独存在的,二者一般属于一个范畴之内,相互作用。

2. 其他文化的教学内容

跨文化交际能力是学习者在掌握目的语言以及文化的基础上产生的,同时学习者还要兼顾母语以及本国文化,以使自己可以在两种文化的交流中实现跨文化交际能力的提高。可见,英语教学不能排除其他文化的内容,一旦其他文化内容脱离于英语教学内容之外,那么学习者在语言学习过程中就会忽略其他文化。显然,跨文化交际不是一种文化的交流,其他文化也要参与其中,这就导致学习者很有可能无法形成跨文化意识。当然,英语教学的课时是有限的,教师与学生在课堂上的精力也是有限的,学生无法较为全面地体验多种文化系统,但是教师通过选择恰当的教学教材,组织新颖的教学活动,是可以让学生在情境中体验不同文化的,虽然这种体验可能与目的文化有一些差距,但是这在一定程度上也能摆脱母语文化对英语学习的影响。

3. 跨文化交际能力的培养

跨文化交际能力的培养涵盖了知识、能力与情感的诸多层面,也就是学习者不仅要学习跨文化交际知识,而且还要培养跨文化交际态度,具备一定的跨文化交际能力。具体到跨文化交际能力的培养问题，还是需要跨文化交际实践来完成，教师为学生创设文化交际情境，学习者在情境中扮演角色，完成文化交际，这样学习者就能在交际中了解到一些交际注意事项，认识到文化冲突是无法避免的。当学习者在具体开展跨文化交际实践时，其就会更加自如。

跨文化交际能力培养还包括了跨文化研究方法方面的教学，因为跨文化交际能力的培养并不是一蹴而就的，它需要学习者通过一生的努力来完成，如果只靠在校期间的教育来学习文化知识，显然是非常不切实际的，教师根本无法预知学习者在学习过程中遇到的所有跨文化交际问题，掌握一定的跨文化研究方法，对于学习者而言非常重要，这些方法能帮助其在具体的交际实践中自行选择交际策略。

（四）跨文化英语教学的方法探讨

1. 跨文化课堂教学的方法

（1）挖掘教材中所蕴含的人文精神，结合教材丰富学生的人文背景知识。学生英语学习并不仅仅是语言的学习，文化知识的学习同样重要，这是因为英语文化背景知识能帮助学生理解语言的语境，使其可以准确理解词汇、句子的含义。在英语学习中，不少学生经常会遇到这样一个情况，明明这篇文章中的每一个单词都认识，每一个句子也能翻译出来，但是如果从整体上把握整篇文章，学生就非常吃力，这主要是因为学生缺乏必要的文化背景知识。这就给学生提出了新的要求，学生不仅要学习语音、词汇与语法等语言知识，而且还要对各种文化知识有所了解，只有对文化有清楚的了解，其才能感知文章的主要内涵，准确地理解文章含义。语言是文化的一部分，如果学习者只学习英语，而不了解英语背后的文化知识，那么，英语学习只是一种浅层的学习。这就要求教师在课堂上可以在分析英语教材的基础上，向学生传授一些与教材相关的文化背景知识，从而帮助学生更好地理解语言与文化。英语教材所收录的内容十分丰富，其并不是简单的一本书，它囊括了不少西方人文知识，能帮助学生了解地道的西方文化。教师向学生传授人文知识，不仅是要他们掌握这些知识，更重要的是要让这些知识对学生的价值观、人生观以及世界观的形成产生积极影响，以使他们可以在社会上生存并发展。

（2）通过对文学和影视作品的鉴赏来培养学生的人文精神。许多文学作品与影视作品中所呈现的英语表达恰恰是英语的地道表达，同时还呈现了西方文化的真实面貌。因此，在跨文化英语教学中，教师在讲解某一部分内容时，可以适当地为学生播放一些与内容相关的经典英文电影，也可以推荐给学生一些与此相关的经典文学作品。经典的电影与文学作品往往是人生观以及世界观的准确传达途径。

（3）运用教学方法来塑造学生的人文品格。教师要转变传统教学的以教师为主体的教学方法转变为以学生为主体的教学方法，并对学生的自主性学习意识与能力进行培养。在这个网络时代，教师要多用微信等与学生进行交流，了解学生的人文诉求，这样教师就能根据学生的实际需求来搜寻文化知识。文化知识当然是多多益善，教师可利用网络搜寻文化知识，丰富的文化知识有利于对不同学生的人文品格进行塑造。

2. 跨文化第二课堂的教学方法

（1）组建各类英语社团或俱乐部。每个高校都会存在着大量的社团与俱乐部，这里是发挥学生所长的地方，是激发其主动性、想象力、创造力的场所，是培养团队合作意识和协调能力的绝佳平台，当然也是其英语语言实践的有利场所。社团和俱乐部可围绕某个特定主题开展相应活动，并聘请外教和骨干英语教师作为特邀嘉宾予以指导。

（2）举办英语文化节。为了让学生更加主动地学习英语，高校可以为学生设立一个英语文化节，同时对学生展开调查，了解学生们喜欢的活动形式，并在节日期间举办多种多样的活动，如英语歌曲比赛、英语电影配音等。同时，在这些活动中，学生是主体，但是高校也不能将所有的活动组织都推给学生，高校以及外语学院有关部门也应该积极参与进来，共同推动英语文化节的举办，这在一定程度上还能拉近教师与学生之间的距离，促进教学有效性的实现。更重要的是，举办英语文化节可以被当作一种学校文化传统延续下去，长此以往，学生们就会更加乐于学习英语，认识到英语的魅力。

（3）编辑英文杂志。可以在学校设立一个英文杂志编辑部，只要是喜欢英语的学生都可以将自己的英文稿件投稿到编辑部，当学生的稿件一经选入并在杂志上刊登时，学生的自信心就能迅速建立起来，其学习英语的积极性也能调动起来。不过，为了确保英语稿件的质量，编辑部审稿的征稿、审稿的人必须要了解一些常规的出版知识，有着较高的英文水平。

（4）举办英语竞赛。高校还可以为学生提供多样的竞赛平台，以保证学生可以获得展示自己英语才华的机会。高校举办的竞赛活动形式要多样化，同时举办频率也要高一些，这样学生就能时刻都有竞赛可以参与，其英语水平也能有所保障。英语竞赛活动要注重趣味性，只有这样才能激发学生参与的积极性。

（5）在日常生活中学习英语。英语学习当然要重视理论的学习，毕竟理论知识是学生运用英语的基础与前提，但是与英语基础理论知识学习相比，英语实践教学更加重要。因此，学生要想学好英语，就必须要将英语学习践行到生活中，从日常生活中接受西方文化的熏陶，多与学校的留学生交朋友，多与学校的外教交流，这样学生就能使自己置身在英语文化环境中，从而培养自己的英语应用能力与跨文化交际能力。高校还可以为通过设立英语广播站无时无刻为学生播报英语新闻，让学生学习英语的地道用法。同时，还可以在校园报告厅中定期放映一些经典英语影片或一些生动有趣的视听材料，让学生经常能领略到英语的魅力。

（6）创办"英语学习种子班"。可以从不同学院中选拔一些英语成绩较好的学生，并对其进行统一的口语、听力等方面的培训，这些培训必须要在"第二课堂"中进行，当这些接受培训的学生顺利"毕业"之后，其就可以回到各自学院，将英语学习的先进方法传授给其他同学，从而带动其他同学的英语学习积极性。

（7）建立基于网络的大学英语自主学习平台。教育领域的研究内容有不少，而自主学习长期以来都是研究的重点与热点。在课程与教学论领域，自主学习能力被看作是一项教学目标，培养学生的自主学习能力成为教师的任务之一；在学习论领域，自主学习被看作是学习方式的一种，且与原有的学习方式，这种学习方式水平高，能保证学生学习的质量。

在"第二课堂"中开展自主学习，可以通过不同的手段进行，主要包括：第一，自主学习中心。这是一种比较特殊的教学方式，该方式的使用转移了人们的注意力，人们的注意力从自主学习的组织转变为自主学习与课程的结合。第二，计算机辅助教学。计算机技术的发展给教育领域带来了巨大变革，英语教学也不例外。英语跨文化教学需要大量的文化资源，利用计算机技术，学生可以自由地从互联网上获取相关资源，并且能对获取的资源进行分析、思考，从而有效地提高其自主学习能力。第三，串联学习。两个学生之间分别学习对方的语言作品，并对作品进行合理的评价，促进彼此的再进步。通常情况下，它与自主学习往往相伴而生，两种学习方式的学习能发挥更大的效力。

随着计算机技术的飞速发展，教师可以借助网络能较好地实现学生的自主学习目标，网络在这一目标实现上往往表现出两大优势：第一，能为学生创设比较生动的语言环境，传统跨文化英语课堂比较枯燥，学生一般提不起学习的兴趣，网络以图片、音频与视频给学生带来了丰富的感官刺激，极大地刺激了其英语学习的积极性；第二，能将学生的主体地位凸显出来，网络能让不同的学生找到适合自己的学习资料与学习方法，能促进学生个性化学习的实现。

基于网络在跨文化英语教学中的重要性，高校可以建立一个基于网络的大学英语自主学习平台，为学生提供自主学习、交流探讨、教师指导等不同模块，如自主学习模块是学生自主完成探究的模块，交流探讨是学生与学生之间就某一问题进行探讨的模块，而当学生遇到无法解决的问题时就可以在教师指导模块上对向教师请教。

二、跨文化交际与英语教学的融合方法

在高校的英语教学中，英语教师不仅要向学生传授相应的英语语言知识，教师还要向学生传授相应的文化背景知识，从而加深学生的理解，使学生可以不断提升自身的英语交际能力和英语表达能力。世界上有很多不同的国家，国家之间存在较大的文化差异，因而不同文化背景的人会使用不同的语言。这种语言以及文化的差异就对英语教师提出了较高的要求。在具体的英语教学中，英语教师不仅要使学生认识到不同语言之间存在的各种差异，如语法、结构等，教师还要让学生认识到不同语言之间背后存在的文化差异，尤其是中西方之间存在的较大文化差异，从而使学生更好地理解英语和掌握英语。

（一）跨文化交际与英语听力教学的融合

在学习者使用英语这门语言的过程中，听力是一个十分重要的环节。通过听力，学习者可以听到和接收各种语言的信息，然后处理信息。在高校的英语教学实践中，英语听力教学是一项重要的教学内容，这是因为对于大学生而言，他们在交际中首先就是需要听得懂对方的交际内容，接着他们才能够进一步交流。需要强调的是，英语听力教学非常重要，是人们交际的重要基础，然而大学生英语听力的提高是一项长期而艰巨的教学任务，它不是一朝一夕就能够完成的，其需要教师和学生付出长期的努力才能够实现。

在我国传统的英语课堂教学中，通常英语教学都是由教师的知识讲解作为首要的步骤。具体而言，英语教师先在课堂中系统地讲解相应的英语知识点，接着学生初步地分析和理解教师讲授的内容，接下来学生就开始通过反复的英语口头练习来进一步巩固教师的讲授知识，并把这些知识内化吸收到学生的知识结构中。但是，根据建构主义的相关理论可知，学生学习一定的知识实际上是学生自身对知识的建构，并不是完全依赖于教师的讲解，因而在教学中要强调学生的主体作用。

教学活动是一项复杂的活动，它的活动主体主要就是教师和学生。在高校的英语教学实践中，教师和学生都发挥着重要的作用。从教师的角度进行分析，教师是大学生英语学习的重要指导者和辅助者。从学生的角度进行分析，学生才是英语学习的主体，大学生通常在教师的指导下开展英语的学习活动，在自己的头脑中构建知识。因此，英语教学过程不仅能够促进教师的发展，也能够促进学生的成长和发展。然而在实际的教学中，不管是教师的教学过程，还是学生的学习过程，师生需要面临的一个共同问题就是如何激发学生的英语学习兴趣，从而使学生主动地学习英语。尤其在英语听力教学中，教师更要创设更多的条件来激发学生的英语听力学习兴趣。

英语听力教学可以大幅度提升大学生的英语学习兴趣，其具体表现在：第一，为学生的英语学习呈现新的信息；第二，帮助大学生整合学习的新知识和旧知识；第三，促进学生使用已经习得的知识并合理评价习得的知识情况；第四，促进学生把英语听力技能和其他技能进行结合。

交际能力是指大学生在英语学习中不仅要学习和掌握正确的英语语法规则等知识，大学生还要能够在具体的地点、面对不同的交际对象而使用恰当合理的语句进行交际和对话。对于大学生而言，大学生学习一门语言，不仅要掌握其语法规则等重要知识点，还要学习在适合的时机运用这门语言。一般认为，交际能力主要包括四种不同的能力：第一种是语言能力；第二种是社会语言能力；第三种是语篇能力；第四种是策略能力。这四种能力对于大学生而言都是十分重要的，需要大学生在学习语言时不断提升各方面的能力，从而使学生通过英语听力的教学最终提升其实际的交际能力。

1. 文化差异对听力教学的影响

在英语教学中，要重点培养大学生的英语听力、口语、阅读、写作以及翻译的能力，其中大学生的英语听力教学一直是处于劣势的地位。因此，在英语教学中，教师要合理地引导学生了解和熟悉中西方文化之间存在的差异，使学生意识到文化差异对英语这门语言学习的影响。

（1）语言语用失误。所谓语言语用失误主要是指学习者在使用某种语言的过程中套用语义失误的现象。实际上，在英语的听力教学实践中，英语的语用失误会给学习者的听力理解带来较大的负面影响，会严重影响学习者的判断。在实践中，所谓语用失误就是指交际的对方并没有真正理解说话者表达的意思，他们之间的沟通存在误解，因而他们之间的交际很难正常进行下去。通常语言的语用失误都是由一定的原因造成的，具体包括以下内容：

第一，不恰当的母语迁移。汉语和英语是两种完全不同的语言，这两种语言的结构、词汇等都不同，且中西方文化之间存在较大的文化差异。对于学生而言，他们在学习英语的过程中几乎都是使用汉语进行交流的，因而汉语的表达以及思想等必然会对大学生的英语表达等产生一定的影响，即母语迁移。在具体的英语听力课堂教学中，学生极有可能把汉语的一些表达习惯以及方式迁移到英语的表达中，从而出现失误的现象，这就是一种负向的迁移，是非常不利于学生的英语学习。

第二，不了解汉、英词语的文化差异。由于文化之间的差异，英语和汉语这两种语言没有办法做到词汇对等。因而对于大学生而言，他们在学习英语的过程中一定要充分学习和了解中西方文化之间的异同，从而更加准确地理解英语表达的意思。实际上，由于部分的大学生不了解西方的文化，更不了解中西方文化之间的差异，因而一些大学生就会从本族语言的视角来学习英语，从而出现一些交际中的失误。

（2）社交语用失误。社交语用失误主要是指交际的双方人员由于社会地位、身份以及学识等不同而在交际的过程中出现的语用失误，这种失误产生的原因有很多，如交际者的身份特殊、交际者的文化程度以及交际者秉承的价值观等。下面重点探讨态度和习俗对社交语用失误的影响。

第一，态度对社交语用失误的影响。态度是指人们对某种现象或者对象所保持的一种习得性倾向。人们在日常的生活和工作中一旦形成了某种态度，那么这种态度就会相对比较稳定，有一定的持续性。通常态度由三个部分的内容构成：一是认知；二是情感；三是意动。态度有多种不同的类型，下面具体分析态度中的定式以及偏见。

一是定式。定式一般也被人们称之为"刻板的印象"，它是人们在分析和感知外界事物时所采取的一种相对比较简单、粗糙的态度。在跨文化交际的研究范畴中，定式一般就是指人们过分地夸大了不同群体之间存在的差异，而忽视了不同个体之间存在的差异。通常定式包括两种类型：第一种是社会定式；第二种是文化定式。通常情况下，定式对人们判断的影响和人们获得的信息数量有很大的影响，即当人们获取了比较少量的信息时，人们在判断问题时就会过多地依赖于定式，反之则依赖较小。

实际上，定式并不一定完全带来负面的影响，因而人们在生活、工作以及学习中也不能够直接消除定式。在学习者的日常学习中，学习者应该更加科学、准确地了解定式，并且合理地看待不同学生之间存在的个体差异，这样才能够使定式产生积极的正面影响。

二是偏见。偏见是指人们对某个个体或者群体持有的一种不是十分准确的判断，而且这种判断往往是负面的，是一种否定性的看法。在人们的生活以及工作中，有很多种因素会导致偏见这种现象的产生，如生理方面的因素、社会化的因素、社会利益的驱使以及经济利益的因素等。

实际上，定式和偏见有很多相似的地方，而且在一定的条件下二者可以进行相互转化。在定式中，其一般由两部分的内容组成：一部分是符合事实的部分，即人们熟悉和了解的内容；另一部分是不符合事实的部分，这部分内容实际上就是一种偏见。

第二，习俗对社交语用失误的影响。习俗是指人们在长期的生活中和实践中形成的一种约定俗成的规范，这种规范被一个地区或者区域内的大多数成员遵守。需要强调的是，这种习俗的规范是不受到法律的约束。一旦某个地区的人们在日常的生活和工作中形成了某种习俗，那么这种习俗就会延续较长的时间。一般情况下，习俗对某个固定地区人们生活习惯等都会产生较大的约束，从而持续规范人们的各种行为。习俗的感染力是非常强大的，一旦集体中生活的某个人意识到自己的行为和其他人不同时，习俗就会促使他转变自己的行为，从而使自己融入集体之中。

习俗的内容十分广泛，其中习俗中的禁忌文化就是重要的内容。所谓禁忌就是指人们在日常的生活和交往中不能够提高和接触的事情。在大多数人的观点中，禁忌一般有两种：一种是禁忌的事物；另一种是禁忌的事情。总而言之，禁忌文化的来源十分复杂，人们很难确定它的来源以及发展历程，但是这种禁忌习俗却对人们的生活起到了一定的约束作用。

2. 跨文化交际下的英语听力教学

对于大学生而言，听力能力是一种十分重要的能力，英语听力要求大学生具备较强的语言敏感性。语言敏感性的培养不是一蹴而就的事情，它要求在熟练掌握语言的基础之上了解中西方的文化差异，从而主动地去了解和学习语言背后的文化知识。

教师在英语教学中要把英语的听力教学和英语的口语教学结合起来，从而使学习者可以在练习英语听力的同时练习英语口语，这也是一个积极的互动过程。教师可以通过听与说的结合，把交际互动观直接引入英语听力教学。在学习者的日常学习活动中，学生练习英语听力最常用的方式就是开展英语对话。对话就会有交际的双方，他们之间也会有一定的互动，也会有语言的听和说。在开展英语对话的过程中，交际双方都要掌握一定的英语听力技巧和口语技巧，从而使交际更加顺利、高效。由此可见，在高校英语的听力教学中，把英语听力和英语的口语结合起来进行学习，就可以使单一的英语听力练习变成一种互动的对话。教师把交际互动观引入英语的听力教学中不仅可以丰富学生的练习内容，激发学生的听力学习兴趣，还能够增强学习的互动性，使学生乐于学习英语，这也使英语听力的学习过程变得更加有趣味性。

听力教学应尽力让学生全方位、多层次地接触不同层面的英语。英语听力课和阅读课以及写作课等有很大的不同，它要求学生充分运用自己的听觉器官，同时大脑要快速地飞转来分析获取的信息，从而作出合理的判断。在练习英语听力的过程中，如果学生一直处于一种十分紧张的状态之中，学生就很有可能会判断失误，从而降低听力学习的效率。教师可以引导学生通过具体的语言实践，了解和掌握各种文化背景知识的方法。从影视作品、书本等渠道了解说英语的人的说话习惯和交流方式，这样会提高英语学习者的学习兴趣，使学生减少听力理解的障碍和失误。

（二）跨文化交际与英语口语教学的融合

英语口语教学的主要目的在于帮助学生敢于开口说英语，敢于使用英语与其他人进行交流和沟通，从而更好地发挥英语的交际工具的作用。在英语口语训练中，涉及两个步骤：第一个是传递信息；第二个是接收信息。具体分析而言，英语口语教学的步骤主要为输入、操作、输出，这是一个循环往复的过程。

1. 文化差异对口语教学的影响

（1）词汇文化因素对高校英语口语教学的影响。对于学生而言，如果在交际中想要表达一定的思想以及情感，就必须具备一定量的词汇储备，这样他们才能够在交际中做到有话可说。此外，随着国际的交流变得越来越密切，我们与其他文化背景的人进行交流的概率变得越来越多。因而对于高校而言，教师在开展英语口语教学时一定要向学生讲授不同文化之间存在的文化差异，从而增长学生的见识，提升学生的跨文化意识。

（2）思维模式因素对大学英语口语教学的影响。英语和汉语是两种完全不同的语言，因而使用这两种不同语言的人们也会持有不同的思维方式以及思考模式。实际上，这种差异也会影响大学英语的口语教学实践。例如，对于很多学生而言，他们在生活和学习中几乎都是使用汉语进行沟通和交流，因而当他们开口尝试着用英语进行交流时，他们习惯于开口讲"中式英语"，他们往往使用汉语的表达习惯和句子结构等来表达英语的句子，实际上这是一种错误的表达方式，它不符合西方人的英语表达习惯，难以被西方人接受和理解，因而这种母语产生的负面影响极有可能影响英语口语教学的顺利开展。此外，思维模式的不同还会在一定程度上影响大学生的英语口语的流利程度。对于大多数学生而言，已经有了固定的汉语思维，当他们用英语表达思想时，他们就需要转换思维模式从而确保意思准确，但是这种转换需要花费一定的时间，使学生的英语口语表达变得不是很流利。

2. 跨文化交际下的英语口语教学

（1）跨文化交际背景下的英语口语教学原则。

第一，先听后说原则。在英语的表达中，学生听英语和开口说英语这二者之间有紧密的联系，它们二者互为基础。实际上，在实际的英语口语对话和交流中，交际双方都必须先要听取对方的讲话内容，才可以进一步继续回答对方的问题，用英语口语表达自己的思想和看法等，因而在跨文化交际中，交际者需要遵循先听后说的原则，从而促进交际的顺利开展。

第二，互动原则。在英语口语教学中，口语练习是一个重要的组成部分，它需要教师耐心的指导和教授，它还需要学生付出较多的时间以及学习精力来学习和练习。学生的英语口语练习本来就是一件比较单调和枯燥的活动，这时候如果学生没有适合练习英语口语的环境，学生就很有可能会放弃学习英语口语。由此可见，在英语口语的教学中，教师为学生创设一定的口语练习环境至关重要。这也要求在英语口语教学中要坚持互动的原则，让大学生都能够在互动的过程中学习和练习英语口语，提升学生兴趣的同时激发学生的热情，从而提升每个大学生的英语口语表达技巧。

第三，循序渐进原则。英语口语的练习和掌握是一个长期的过程，需要学习者在练习的过程中遵循循序渐进的原则，从而由浅入深地学习和掌握英语口语的相关知识和技能。来自不同地区的大学生往往会使用不同的方言，这些学生在学习英语口语时一定要适当地克服方言发音对英语口语发音的影响，从而使自己的英语口语发音更加准确、合理。此外，在具体的教学计划安排中，学校的相关管理人员以及教师等也需要遵循循序渐进的原则来开展各项英语口语教学工作，即教师制定的教学目标不能太高，否则就会给学生造成很大的心理压力，使学生在学习英语口语时始终压力重重，体会不到学习的乐趣；教师制定的教学目标也不能太低，否则也难以激发学生的学习积极性，打击学生的积极性和自信心。

第四，科学纠错原则。在高校的英语口语教学中，学生出现口语错误是非常常见的现象，这时教师一定要采取正确的态度来分析和看待这件事情。在高校具体的英语口语教学实践中，当学生在训练英语口语时，教师可以认真地倾听学生的训练过程，对于英语对话或者交际中出现的不太重要的英语口语问题，教师可以适当地忽略不计，只要学生的英语口语训练没有实质性的大错误，教师就不要频繁地打断学生的练习，因为教师频繁打断不仅会扰乱学生的思路，还要打击学生的自信心，使学生对自己比较失望。教师正确的做法应该是，在学生完成相应的练习之后，教师在所有的学生面前统一指出学生英语口语练习中常见的错误以及注意事项，从而避免学生在接下来的练习和实际应用中重复犯错。

（2）跨文化交际背景下英语口语教学方法。

第一，文化植入法。在人们的现实生活中，如果某个平台没有任何的播放信息，只是一直在播放广告，那么无论这个广告多么生动有趣，它都很难持续地吸引人们的目光。文化的学习也是相同的情况，如果只是单独地开设一门文化相关的课程，那么由于文化往往内容庞杂而会使很多学生提不起兴趣。但是在实际的英语教学中植入一定的文化则会带来比较好的效果，它不仅能够恰当地吸引学生的注意力，同时能够加深学生的理解，使学生在掌握背景文化知识的同时学好英语的口语知识和技能。

文化植入的原则主要包括：①在精不在多原则。在具体的英语口语训练中，教师一定要选择适合的机会和节奏来植入文化，不要求教师要植入大量的文化，但是教师植入的文化一定要注重质量，要找准"切入点"，从而激发学生对英语口语的学习兴趣，使每个学生都愿意开口主动练习英语口语。②适当原则。在实际的英语口语教学中，英语教师并不是肆无忌惮地植入文化，他们在植入文化时也要遵循适当的原则，即教师要充分考虑学生的年龄层次、兴趣以及学生的实际学习情况等，从而通过文化植入来提升大学生的英语口语技能。所以，英语教师在植入文化时一定要准确地把握适当的原则。③服务于口语教学原则。在实际的高校英语口语教学中，教师进行文化植入的目的性非常明确，那就是要服务于英语的口语教学，提升大学生的英语口语水平，因而文化植入还要遵循"服务英语口语教学"的原则。

在植入文化的时候，并不能采用非常生硬的方式，要是这样的话，就和一般的文化课程没有差别了，所以对于教师而言在教学的时候就应该采用比较合适的方式，将这些内容融入教学中，让它能为口语教学服务，同时需要注意的是不能喧宾夺主，而是应该起到潜移默化的效果，具体而言，可以采用直接呈现和间接呈现的植入方式。

在教学的时候不可避免地会遇到许多与文化有关的主题，教师就可以将这些内容更为直观的呈现给学生，引导学生深入理解此类文化主题。对于教师而言，就可以灵活选择教学手段导入教学内容。例如，如果教师的讲授与建筑物有关，那么在课堂上就可以多一些建筑物的表达呈现方式，如教师可借助多媒体，将不同时代的建筑播放给学生看，直观的视觉作用就会让学生对这些不同的建筑有更深刻的理解。在教学的时候教师也应该掌握教学的不同表达方式，让学生能对所学习的内容进行实际操练。在表达的时候，学生对这些知识的印象就会更为深刻。

除了直接呈现的方式，教师还可以根据不同学生的情况采取间接呈现的方式，逐步将与文化相关的内容融入教学活动中，如在学习商务礼仪的时候，就不可避免地会遇到与酒有关的礼仪，此时教师就应该在其中植入酒文化，让学生对其有一定的了解。一般而言，教师可以设计一些比较有趣的英文选择题，可以让学生进行抢答，这样显然可以提高课堂效率，让学生以更为饱满的热情投入学习中来，学生在锻炼的过程中能逐步提高自己的口语交际能力，并拓宽自己的知识面。

第二，文化渗透法。在教学中，文化植入与文化渗透之间还是有一定的共同点的，教师需要在教学中导入一定的文化因素，一般而言，因为语言是在不同的文化背景之中产生的,所以就应该结合不同的语境去分析语言的含义。在具体的口语教学过程中,教师也可以通过文化渗透的方式逐步提高学生的口语表达能力,一般而言,教师可以采取以下方式:

一是文化对比法。在具体的口语教学实践中,教师可以将两种文化进行对比,这样就可以帮助学生了解不同文化之间的差异,从而逐步培养他们的跨文化意识。在教学的初始阶段,教师就可以将东西方之间那些不同的文化差异讲解给学生听,在交流的过程中,也应该点明那些易犯的错误。很显然,错误的产生与文化差异的存在密切相关,在反复的理解过程中,学生就能对中西文化之间的差异有更为深刻的认知,并在之后的交流中注意克服。此外,学生可以通过分析不同文化之间的差异,让他们更为尊重不同地区的文化,这样也可以逐步提高他们分析与处理文化的能力。很显然,文化对比是一种非常有效的教学方法。

二是交流学习法。经过一段时间的学习,学生的英语水平已经得到了很大的提升,并且在学习与交谈的过程中,他们也会遇到文化障碍,所以,教师就可以结合实践让学生之间多交流、多学习。

三是教师引导法。在与学生的交流过程中,教师应该对学生进行有效引导,如果学生产生了交际障碍,教师就应该积极对学生进行启发,这样不仅尊重了学生,还能让学生感受到文化知识的熏陶,从而不断激发他们的语言学习思维。

(三)跨文化交际与英语阅读教学的融合

1. 文化差异对阅读教学的影响

(1)词汇方面。词汇是语言系统中的支柱部分,同时也是构成文化信息的基本载体,在阅读的时候,学生的词汇量显然是一个非常重要的影响因素。助力学生了解词汇的文化内涵能逐步提高英语阅读教学的效果。具体到教学中,教师应该意识到词汇知识的重要性,并让他们逐步了解同样的一个单词在不同的文化语境下所表达的不同意思,这样就可以逐步提高学生的文化意识,从而助力他们阅读能力的提高。

(2)习语方面。习语也是文化的重要组成部分,在英语中有大量的习语,如果不明白这些习语背后的文化含义,就无法做到真正的理解这些习语。例如,动词的后边不能直接跟宾语,但是在某些习语中,就会出现这种情况,如"She can talk the hind leg off the a donkey."(只要她一开口就能滔滔不绝)中,talk

后面就接了宾语，如果熟悉这一习语，就会知道这句话的意思，但是对此不熟悉，就会认为这是一个病句。教师应该有意识地给学生输送一些常用的英语习语，让学生逐步积累、掌握更多的习语，从而提高学生的阅读能力。

（3）语篇方面。英汉语篇之间的差异性很大，一般而言，英语语篇的观点等会在文章的开头直接说明，并且作者也会在开篇的时候摆正自己的态度，后面的才是论述环节。但是对于汉语语篇而言，其往往是归纳型的，一般而言是先进行陈述，在末尾的时候才会亮出自己的观点与态度。在阅读教学的过程中，教师就应让学生明确英汉思维的差异，并且明确这种差异对篇章结构的影响，这样学生就可以根据不同的语篇特点选择合适的阅读方式。

2. 跨文化交际下的英语阅读教学

（1）立足语篇和语境。在读英语篇章的时候，有些学生可能明明知道这个单词的意思，但是却仍然没法体会出这个单词与上下文的关系，也无法对篇章作出正确的理解，有的学生在阅读的时候并没有意识到中西方的异同，这样显然会给学生的阅读带来障碍。为了解决这个问题，教师就应该从整体的层面出发展开教学，并应该让学生拥有全局意识，只有这样才能不断提高学生的阅读能力。第一，让学生明确不同语言之间逻辑结构上存在的差异；第二，让学生明确不同语言的表达方式；第三，让学生明确不同语言的修辞差异。

（2）灵活应用各种阅读策略。

第一，预测。在阅读的过程中有一个重要的环节那就是预测，预测在阅读中发挥的作用是非常重要的，在阅读之前，学生就可根据课文中的一些关键词展开想象并对相关的情节进行预测，这不仅能锻炼学生对知识的运用能力，还能助力于他们逻辑能力的提高，在不同的文章中会有不同的题目，这些题目往往就是文章中心思想的凝练与总结。教师可以引导学生通过标题去预测课文的主要内容，不论猜测的结果是怎样的，这都会助力于自己对课文的理解。

第二，略读。在阅读的时候可以以很快的速度通读原文，这样可以从总体上把握文章的主要意思，在阅读的时候并不需逐字逐句地读，往往仅仅需要读一下每段的首与尾即可。具体到实践中，在阅读的时候需要重点注意的内容包括：①段首与段尾；②文章的标题以及作者着重指出的部分；③文中的关键词；④文中的关键词语。

第三，跳读。如果我们的阅读目的是寻找到合适的信息，那么就没有必要仔细地读，而是要采用跳读的方式，如果我们的阅读任务比较重，无法进行通篇阅读的话，跳读就是一个不错的选择。

第四，寻找主题句。在英语阅读教学中，教师可以将主题句出现的大体位置告诉学生，并且应该辅以具体的实例，一般而言，主题句的位置是比较灵活的，出现的位置包括：①位于段首。有时候作者会将自己的观点态度先摆出来。②位于段尾。有时候作者也会将自己的观点放在段落的末尾，在此种情况下，这种主题句往往是对上面论述所有问题的总结。③同时位于段首和段尾。此时段尾的主题句是对段首主题句的总结与升华。从结构上而言，不同位置的主题句在结构上也是存在差异的。

第五，推理判断。有时候并不能从文章的字面意思上找到所需要的信息，这时我们就需要动用自己的判断。在进行推理判断的时候，学生应该从全文的角度出发进行推理，这样才能得到文本的正确思想。一般而言，推理判断包括直接推理与间接推理，直接推理比较简单，一般理解原文的表面意思之后就可以得出结论。但是，相对而言的，间接推理就是一种比较复杂的推理方式了，它要求学生能够挖掘文章背后的深层次含义以及作者隐晦所指。

（3）融入背景知识。教师在开展阅读教学的时候需要围绕中心材料展开，那些材料的背景知识等对文章内容的理解是非常重要的，所以在教学的时候教师也应该着重对待。教师自己就应该明确关联性原则，并且在运用这种原则的时候就应该激活与此材料相关的话题与图示等。在具体的教学中，教师就应该将这些知识自然而然地融入教学中，并把握好其中的比例。

（四）跨文化交际与英语写作教学的融合

1. 文化差异对写作教学的影响

对于英语的写作，其构成的基本单位是词语，所以应该引起学生们的重视，在众多构成语言的要素中，文化与词汇之间的关系是最为密切的，并且词语也是语言中最为活跃与有弹性的成分。在跨文化交际的研究中，对词语文化内涵的理解是一个非常重要的组成部分。在语言学领域中，那些拥有特定文化内涵的词语被称为"文化词汇"，这些词汇与文化之间有密切的关系，往往蕴含着深刻的文化含义。

在英语写作过程中会涉及很多文化词汇，如成语、俗语、禁忌语、称谓语、动植物词汇等。作为一名英语教师，应该在日常的教学活动中引导学生分析这些文化词汇，理解他们背后所展示出的文化内涵，这样才能让行文更为流畅，从而实现顺利交际。同时，思维以及价值观念等的不同也会对英语的写作教学产生重要影响，这主要展示在句子的以及文章的布局上，对于教师而言，就应该站在布局的高度指导学生写作，从而逐步培养起学生良好的思维习惯，并让他们的英语写作水平能够得到进一步提高。

学生在写作的时候不可避免地会遇到一些结构方面的问题，在中西方思维差异的影响下，需要注意：第一，在赘言方面，为了引起其他人的注意，学生往往会为了引起读者的注意而多次强调自己的观点，表现在一句话中就是某些内容的重复、多次出现。在英语中，虽然有时候也会用到这种重复的手法，但是这种情况并不多见。第二，在汉化方面，学生是在汉语文化背景下学习英语的，所以就不可避免地会受到汉语文化的影响，一般而言，学生自己并不能意识到存在的问题，所以就无法进行改正。

英语句子一般而言比较紧凑，句子之间的逻辑关系非常强，句子中的那些衔接词一般都是具有特定意义的，我们可以据此判断句子的含义。与英语相比，汉语更加重视意合，从结构上来看是比较松散的，句子之间的逻辑关系并不是那么清晰。

在汉语句子的内部我们有时并不能发现那些具有某种逻辑关系的连接词，但是尽管如此也不会影响我们对句子的理解，在篇章布局方面的问题，其根源就是英语重形合，汉语重意合。

一般而言，在阅读英文文章的时候，在开篇就能明确其基本观点，随着阅读的推进，我们可以进一步找到每段的中心句。在行文中，我们还可以发现很多连接词，从而让不同的句子与段落之间有更强的逻辑关系。但是我们在阅读汉语文章的时候，一般而言并不能通过开头以及中间部分明确作者所要阐明的主旨，而往往是读到末尾之后才能明确文章的主题。受到汉语意合的影响，学生在写作文的时候往往会出现重点并不突出的情况，要想让学生克服这一问题，就应该让他们多训练。

2. 跨文化交际下的英语写作教学

（1）跨文化交际背景下的英语写作教学的原则。

第一，交际性原则。在写作课上，教师就应该多给学生展示一些交际的场景，让他们能从中感受到文化差异。写作之前的讨论活动以及写作之后的修改活动都可以小组的方式进行，这样就可以增强学生之间的交流。通过交流，学生可以获得更多的写作素材，在写作的时候也能更加得心应手。所以，在教学中遵循交际性原则是非常有必要的。

第二，注重基础原则。随着教学活动的开展，学生存在的各种各样的问题就会逐步显现，如拼写以及时态错误等，也有一些学生没有意识到细节的重要性，还有的同学在写作时会套用一些作文的模板，这些都是需要引起教师高度重视的问题，在实际的教学中，教师应该辅助学生打好写作基础，从而让他们的写作能力能得到切实提高。具体到教学中，教师就应该让学生明确上下文语境，避免学生进行套译。在开展句法教学的时候，教师应该让学生在理解语义的基础上进行句子的连接，同时还应该从多处着手，让学生明确英汉思维的差异体现与背后原因。

（2）跨文化交际背景下英语写作教学的有效策略。

第一，培养学生的英语思维模式。在英语写作教学的过程中，教师应该引导学生对比中西文化与特征，让他们掌握英语篇章的组织方式，并逐步引导他们，让他们写出更高质量的文章。

第二，开设文化选修课，导入文化知识。教师除了应该在写作中融入文化知识以外，还应该进行有针对性的写作训练。一些与文化相关的选修课，如"语言与文化""语用学"等就可以逐步开展起来，这样不仅能让学生拥有更为广泛的接触西方文化的途径，还能让学生的视野得到进一步开阔，从而培养他们的文化意识。

第三，重视学生写作基本功的训练。教师应该加强学生词汇以及语篇等方面的训练，这样就可以逐步提高学生的写作能力。句子是文章的基本构成部分，所以教师就应该教导学生把握基本的句子成分以及特征等，这样就可以逐步提高学生们的语言基本功。此外，学生还应该对英语的语法有明确的认知。

第四，增加英语阅读量，强化英语语言应用能力。学生只有通过大量的阅读，才能积累到足够多的词汇并对词汇的不同含义产生深刻的认知，在阅读的时候，学生可以通过作品去了解某个时代的概况，跟随故事中人物的情感去体味作者的感想，这样也可以给学生积累下丰富的素材，并陶冶他们的情操。所以，阅读是非常重要的，不仅可以开阔学生视野，还能在一定程度上推动学生写作能力的提高。

第五，引导学生规范跨文化写作格式。在英语写作教学中，教师应该让学生明确不同的语言的文化要素，并且让他们能按照特定的表达结构进行书写。例如，当教师在指导学生写作信封文体的作文时，就应该让学生明确一般的写作顺序，因为英文的信封写作与汉语是截然不同的，所以教师就应该着重进行讲解，以免学生犯错误。

（五）跨文化交际与英语翻译教学的融合

1. 文化差异对翻译教学的影响

翻译活动包括三个方面：一是理解原文；二是表达原文；三是校验原文，翻译者要想将文章完美的翻译出来就应该对原文有深入的理解。在翻译中的理解与普通的阅读理解是不同的，译者除了应该从句子含义的角度入手理解，还应该从词语与语法的基础上对此进行理解，如果在翻译的过程中没有融入跨文化意识，就会影响译文的准确性。

翻译并不是源词语和语句之间的转换，也不是在目标语中找寻对应的词汇结构，如果在翻译的过程中，学生仅仅关注源语的表层，那么就会让翻译的内容流于形式，从而导致翻译内容与源语的差异。在开展翻译教学的过程中，教师应该让学生明确不同文化之间语言形式的差异，并且需要根据译入语的习惯作出相应的调整，如果学生没有意识到英汉两种语言之间的差异，而是进行一字一句的翻译，就会破坏源语的情感，所以在具体的翻译实践中，学生应该意识到中西文化的不同差异，明确作者的思想情感，从而更好地把握原文进行翻译。

2. 跨文化交际下的英语翻译教学

（1）英语翻译教学中跨文化交际能力的培养。

第一，文化语言能力的培养。在翻译人才的培养过程中，应该逐步扩大人才的知识面，对于学生而言，英语学习环境是很匮乏的，如果培养观念再不更新的话，就会使学生的学习积极性更低。高校需要多设置一些文化类的课程，如英美文学等，让学生能明确不同的文化形式，从而逐步提高自己的文化意识与翻译能力。此外，教师应该立足英美文化，给学生讲解不同文化之间的差异，这样学生就能对文化产生不同的感受，从而提高学习兴趣。

第二，文化翻译策略能力的培养。文化翻译策略能力的培养体现在以下方面：

一是归化与异化策略。在进行文化翻译时，译者可以采用两种主要的策略：一种是归化；另一种是异化。翻译的对策有很多种，但是异化与归

第五章　高校英语学科的教学方法探究

化依然是占有主导地位的翻译对策，为了照顾读者，译者会采用归化的翻译策略，这样可以让读者对原文有更深入、清晰的理解，异化策略则与之相反。如果译者面对的是那些比较严谨的科技类文章，就可以多采用异化的对策，因为作者写作此类文章的目的在于宣传，在采用异化对策时，译者可以让读者对译入语文化产生更为深刻的认知。译者在翻译的时候应该多秉承异化的翻译原则，只有这样，才能精准传神地表达出原作的意思。所以，在进行文化翻译的时候，译者如果感觉采用异化翻译能实现意义的自由转换，那么就可以采用异化策略。如果仅仅采用异化策略但是却无法将原文的意思做到全面转达时，译者就需要将其与归化策略结合起来使用。如果囿于原文的限制，译者也可以不使用异化的对策，而是采用规划的方式，这样也可以表达其意义。总体而言，译者在处理这二者的关系时，就需要根据原文的情况作出正确处理，如果选择了异化的策略，就要保证译文能准确传达出原作的内涵；如果采用了归化的翻译对策，就应该使得译文与原文的风格对等。需要指出的是，就算是在同一篇文章中，译者所采用的翻译策略也不具有单一性，译者可以根据文本的需要灵活选择翻译对策。

二是文化间性策略。对于译者而言，应该以广博的心胸接纳不同的文化，只有这样才可以从容不迫地展开翻译。译者应该拥有开放的心态，还应该秉承共性的思想，去分析源语的文化，通过采用灵活的翻译方式，让这种文化被更多的人所熟知。在具体的翻译实践中，应该综合利用多种翻译方式，从而实现翻译的"信、达、雅"目标。

三是文化对应策略。在中西方文化中，也有一些地方是有相似之处的，在遇到这种情况的时候就可以采用文化对应的策略进行翻译。例如，人们都知道梁祝化蝶的凄美故事，但是在西方人的眼里，梁山伯与祝英台仅仅是两个普通的名字，他们无法透过这两个名字理解其背后的爱情故事，但是要是我们将其翻译成罗密欧与朱丽叶，显然就能引起西方读者的共鸣。

（2）跨文化交际与高校英语翻译教学融合的优化。

第一，重视中西方文化在思维模式上的差异。教师应该注重学生跨文化能力的培养，并让学生能意识到东西方文化的差异，并明确不同人们思维方式的差别。在不同的文化背景下，人的思维模式是不同的，并且随着社会的发展，处于同一地区的人们的思维模式也会产生些许的变化。所以，学生应该明确不同思维的差异，从而在翻译的时候能做到兼顾。

第二，提高学生对不同文化背景下生活环境以及经验的重视。文化的不同也会影响人们的语言，所以处于不同生态环境下人们的语言也会有所不同，例如，我国不同的地区有不同的方言，甚至在见面时他们所探讨的话题也不一样，要是将这个范围扩大到其他国家，这一现象就会更加明显。如英国处于西半球，他们的气候受海洋的影响最大，所以见面时讨论的一般都是天气如何。教师在开展翻译教学的时候，就应该重视不同地区人们生活的环境，并且学生也应该将自己代入具体的情境中，逐步提高自己对文化的认知能力。在具体的教学实践中，学生的翻译能力如何最能体现出学生的跨文化交际能力，所以学生应该重视不同文化背景下人们的生活经验，并不断提高自己的翻译能力。

第三，对第二课堂进行合理的安排，对教学观念进行不断创新，从而对课程改革的要求进行积极的响应。在教学活动中，课堂教学是一种最基本的形式，我们还可以把课堂教学称为第一课堂。但是，英语翻译是一项具有较强的应用性的语言交际技能，并不能只是依赖于第一课堂的教学，还需要对第二课堂进行较为充分的运用，对课堂教学的内容进行详细的研究和了解，从而对学生的跨文化交际能力进行培养。教师可以积极创造好的环境来对文化学习的氛围进行营造。学习的环境影响学生的学习情况，而且这种影响是非常之大的，当具有较好的西方文化学习环境的时候，学生的跨文化交流的热情就可以逐渐被培养起来，使学生对英语翻译产生一定的学习兴趣，如教师可以在课堂以外培养学生的跨文化交际能力，积极组织学生开展各种各样的活动，加深学生对跨文化交际能力的解读。此外，还可以积极组织英语社团，在社团中，成员主要是学生，教师只是对社团进行一定的指导，当学生遇到自己不懂的问题的时候，可以积极寻求教师的帮助，当然，其也可以向其他学生寻求帮助，这样就可以尽量减少在学习中出现的遗留问题。

第三节　现代信息技术下英语教学方法

一、现代教育技术下的英语翻转课堂教学

随着信息技术的不断发展，它对人们的影响也深入社会的各个方面。大学英语教学想要实现自身的改革与发展，也要借助信息技术，提高课堂效率，

实现个性化学习，从而逐步提高学生的合作能力。翻转课堂是指由教师创建教学视频供学生在课前观看，在课堂上通过师生的面对面交流从而让知识得到传播的一个过程。翻转课堂下的学习则将课堂变成了教师与学生以及学生与学生互动的场所，知识的获取是通过课后看视频获得的，这样就可以让学生有足够的时间去内化课堂知识，通过课堂的讨论，学生也会对这个知识点有更加深入的认知。"基于信息化教学，翻转课堂让学生获得来自不同教师的教学视频，让学生拥有更多的获取知识的机会，特别是能够选择与自己相适应的教学方式，这不仅能够促进优质教育资源的共享，还推动教育均衡发展这一重要目标的实现。"[1]

（一）英语翻转课堂的教学设计与活动要点

1. 英语翻转课堂的教学设计要素

翻转课堂是对传统课堂教学结构的颠覆，它改变了传统的教师为中心的教学观念，更加侧重信息技术的使用，并且对学生自主学习能力以及协作学习能力培养等都有重要作用。英语翻转课堂教学设计要素如下：

（1）学习者设计。为了让学生以更高的效率开展学习，教师应该做好教学设计，学生处于学习的中心位置，只有对学习者进行深入分析才能让高效课堂的创建成为可能。在分析学习者的时候，教师应该明确不同学习者的个性，从而能让学生实现个性化学习。在对学习者进行分析的时候，可以分析学习者的认知能力、学习态度等。应该让学生在课前学习相关知识，这样他们就能依据自己的节奏进行学习，对于不会的地方就可暂停视频进行思考。学生也需要具备一定的信息技术能力以及自学能力，同时，教师还需要考虑学习者的信息技能掌握情况。

（2）学习内容设计。在翻转课堂模式下，一些基础的知识点学生已经在课下提前学过了，所以就改变了课堂的目标，这显然就需要教师对知识进行重新划分以及整合。教师在设计教学内容的时候可以将不同单元里的知识点摘取出来，并将其进行仔细分类，这样就利于学生明确不同知识点之间的内在联系。教师也应该纵观教学目标，将这些知识点放在合适的时间给学生讲解，将各知识点融入不同的任务中。

---

[1] 郑璞玉，安桂芹. 论高校英语教学翻转课堂的信息化建设 [J]. 黑龙江高教研究，2017（2）：155.

（3）学习目标设计。在开展教学设计的时候，应该明确教学的目标，并发挥出教学目标的导向以及控制功能，让教学活动在教学目标的指引下向着正确的方向进行。在翻转课堂教学中，可以将学生的学习过程大致分为课前知识的内化阶段，和课堂知识的内化阶段。我们可以将第一个阶段的重点放在记忆与理解，对于第二阶段，我们应该将其看作知识的应用阶段，可以看出，第二个阶段的学习能有效提高学生对知识的应用程度。

（4）学习资源设计。在学生学习各项活动的时候需要相关材料的支持，这些材料被称为学习资源。按照来源的不同，我们可以将学习资源分为三类：一是原创资源，是指由教师根据教学的需要自己创造出来的学习资源；二是引用资源，是指作为辅助性资料使用的；三是生成资源，是指在教学的过程中所产生的与学习相关的资源。

（5）学习活动设计。学习活动是指师生行为的总和，一般情况下也可以称之为教学活动，此处用"学习活动"的目的在于凸显翻转课堂"以学生为中心"的原则。我们可以将翻转课堂中的学习活动划分为两类：一是课前自主学习活动；二是课堂交互活动。对于这两类活动，应该实现目标以及任务上的衔接。在课前，学生可以通过自主学习相关知识，提出一些与学习相关的问题，在课堂上就可以与同学就这些问题开展讨论，讨论的环节不仅能提高学生的口头表达能力，还利于学生思维的锻炼。在开展各项学习活动的时候，应该遵循各项学习任务的指引，让学生开展更为高效的自主学习以及合作学习。

2. 英语翻转课堂的教学活动要点

（1）活动设计宗旨突出。将翻转课堂融入英语教学中需要重视学生自主学习能力的培养，所以在开展活动设计的时候要做到和而不同。在课前准备环节，可以将学生分为几个小组，教师可以定好教学要点让学生以组为单位进行学习材料的搜集。在课中，可以让学生展示搜集到的内容，不同小组之间可以取长补短，让自己的知识体系更加完善。需要注意的是，在分组的时候应该遵循差异化的原则，让小组内成员实现优势互补。之后，小组内部可以推举出小组长，让他进行材料的整合以及各种问题的总结，这样就可以做到分而不乱。

（2）课前准备要求明确。在课程开始之前，教师就应该将本次课程的具体要求向学生阐明。第一，应该明确情感目标，这样就可以让学生对本次任务的中心情感有明确的把握。第二，在课前，教师应该准备好丰富的学习资源供学生使用，如参考书、教案、相关的学习视频等。在完成资料的初步筛选之后，就应该将合适的学习资源上传到网上，让学生能自主观看。在学生开展自主学习之前，教师需要将本节课的学习任务向学生阐述明白。在完成课前任务之后，教师就应该汇总学生学习时遇到的问题，及时做好答疑解惑。第三，学生应该对教师所安排的任务有清晰的了解，不仅需要教师提供多样化的学习资源，还需要学生充分利用学习计划表，将自己在学习过程中所遇到的困难记录下来。

（3）课中学生自我展现充分。在课堂上，学生可以将自己搜集到的各种资料以多元化的形式展示出来，并且还可以在课堂上阐述自己的看法。教师可以为学生构建多种教学情境，从而形成良好的学习氛围，让学生的学习兴趣得以激发，从而主动去构建新知。同学之间也可以通过彼此之间的交流，让他们实现对材料的内化，彼此深入的交流也能让学生参与具体的教学情境中，并对知识产生更深入的了解。学生可以小组为单位一起进行学习，并且在课堂结束之后派代表进行汇总发言。

（二）翻转课堂在英语教学中的应用方法

1. 基于翻转课堂的英语阅读教学方法

在信息时代，翻转课堂是一种为师生所欢迎的新模式，它颠覆了教师和学生的角色翻转课堂教学模式与传统的教学模式有很大的区别在传统课堂教学中教师是课堂的主导者负责知识点的讲解学生被动地接受知识。

（1）英语阅读翻转课堂教学模式设计。与传统英语阅读教学不同，"翻转课堂"改变了教师讲解的内容的顺序，这部分内容被放在了课前，在课前，教师会为学生提供与所教内容相关的视频，学生通过观看视频完成自主学习，从而使学生原本需要在课堂上学习知识在课前就完成了内化。而课堂的大部分时间就可以被用来解决学生在自主学习过程中遇到的问题，也可以用于教师与学生、学生与学生的讨论。

第一，课前教学设计。

教师方：首先，教师要根据学生的需求选择阅读材料。许多学生反映教师提供的阅读材料毫无新意，与他们的兴趣毫无关联，因而无法真正激发其阅读的兴趣，所以教师在选择阅读材料时必须要从学生的角度出发，与时俱进，多选择一些游戏玩家、好莱坞演员的访谈等。需要注意的是，翻转课堂阅读教学主要的目的就是要让学生可以实现深度阅读，因此阅读材料的篇幅不能太长，否则可能会影响学生阅读的效果。其次，教师要根据自己教学的特点选择材料制作教学视频。可以将需要讲解的内容进行分割，相似的内容放在一个视频中，每个视频时长维持在 10~15 分钟，虽然每个视频是独立的知识点，但是教师还需要保证每个视频之间的逻辑性，保证所有视频提供的知识是可以形成体系的。

学生方：学生在完成资料阅读之后就可以观看视频，学生要尽量掌握视频中的所有内容，对于重难点内容，还需要其多看几次视频，进行重点分析与总结。倘若在学习完毕之后学生仍然存在一些无法解决的问题，学生就可以通过在线平台与学生一起探讨，也可以向教师请教。

第二，课中教学设计。通常情况下，阅读理解存在两个层次：一个是字面层次；另一个是评断层次。学生在课前观看完视频之后只是达到了字面层次，这是因为学生只是通过阅读简单掌握了英语词汇的功能与句型等基础知识，对英语文字的基本信息有了一定程度的掌握，但并未对阅读内容有深入的认知。但是阅读最主要也是最根本的目的就是要使学生可以达到评断层次，达到这一层次时，学生可以全方位地进行信息收集。然而实现这个层次其实并不容易，需要学生在课堂上集中注意力进行深度阅读，阅读完毕之后还需要就在阅读过程中存在的问题与同伴讨论。例如，教师可以让学生在完成阅读之后进行阅读材料的默写，这样不仅强化了学生的阅读效果，而且还在很大程度上提升了学生的阅读技能。

很多学生并不重视阅读，因此在教学中教师要时刻提醒学生阅读的重要性，还要求学生要仔细研读阅读材料。仔细研读是学生进行深度阅读的一种形式，它能培养学生的高层思维技能。具体来看，教师可以采用示范研读的方式，在教师阅读完之后，学生进行集体与研读，一方面学生可以锻炼自己的口语能力；另一方面学生还能初步掌握文章的逻辑结构。当然，教师没有必要一次性就将文章读完，教师可以先领学生阅读一个片段，当片段阅读结束之后，就可以让学生自己分析段落的结构、主题。之后教师可以对学生进行分组，让学生以小组的形式对刚刚阅读的内容进行分析、讨论，并对学生讨论的结果予以点评。小组合作学习能让学生学习到其他同伴高效的阅读方式，同时也能使其认识到自己在阅读过程中存在的不足。

第三，课后的总结与巩固。

教师方：在阅读课结束之后，教师还需要分析学生在课堂上的表现，从而准确掌握学生在阅读学习上的优势与不足，并将其存在的问题通过微信等聊天工具反馈给学生。同时，教师也可以根据学生的问题向其有针对性地提出一些改进建议。

学生方：学生根据教师的反馈反思自己的学习，并根据教师的建议重新拟定英语阅读学习计划。

（2）翻转课堂教学模式在英语阅读教学中的应用。大多数学生的英语阅读并不是一帆风顺的，它总是会被学生的自身因素与各种客观因素所影响，而翻转课堂模式在英语阅读教学中的应用，让阅读教学变得更加高效，同时学生的阅读学习质量也得以提高。翻转课堂模式在英语阅读教学中的应用，主要可以通过以下步骤实现：

第一，教师制作视频，教授学生正确的阅读步骤。教师可以现在互联网上搜集一些与教学内容相关的视频，然后再结合自己的教学经验制作教学视频，视频的时长不宜过长，维持在10分钟左右为最佳。视频的内容主要是讲解英语阅读的具体步骤，以帮助学生规避阅读过程中的一些错误。首先，学生在第一遍阅读时要保证一定的速度，实现快速通篇阅读，这样做的主要目的是梳理文章脉络，了解文章的主题。其次，学生在第二遍阅读时要绝对的认真，在学生阅读完成之后，教师需要引导学生对阅读材料中的重难点问题进行分析，从而使其可以自主解决问题，当然，学生如果无法解决，教师可以向其提供帮助。

第二，教师设计课前问题引导、课后问题检查。为了使视频可以起到预期效果，教师可以在结合课后问题的基础上向学生提出一定的学习要求与目标，同时还可以为其设计一些课前问题，让其带着问题去阅读，这样他们的阅读就具有很强的目的性，保证了学生能够认真对待阅读。此外，还需要注意的是，对于一些精读课文，学生不能像对待其他一般性课文一样，仅只掌握课文结构与主题大意，而是应该加强语言基础训练，提炼课文中的语言点，在课下进行反复练习。如果学生无法提炼课文中的语言点，教师就可以行动起来，帮助他们分析课文，为其圈出其需要了解与掌握的一些重难点内容。课后巩固依然重要，这需要学生在课下自完成相关阅读训练，并将问题反馈给教师，教师要对学生的问题进行检查，并给出合适的解决建议。

第三，选取英文报刊的文章。在如今的信息化时代学生通过互联网可以了解到来自世界各地的知识。因此，教师必须要提高自己的专业水平，否则教师有可能都无法跟上学生的脚步。教师在教学之外要多注意搜集一些比较有名的英语期刊，通过阅读期刊丰富自己的英语知识，提高自己的英语水平。需要指出的是，这些英文期刊并不只是教师提升自己专业水平的方法，学生也可以通过阅读英文期刊强化自己的英语阅读学习。教师可以灵活设置报刊阅读课程，多给学生一些阅读报刊的机会，同时还要为学生积极创设阅读情境，让学生在真实的情境中培养自己的阅读思维。每个英文期刊都包括不同的栏目，学生应该主动选取那些有着自己喜欢栏目的英文期刊进行阅读，而且，有些期刊对于一些重难点词汇还有标注，这更方便了学生的自主学习。因此，学生应该在生活中主动阅读英语期刊，不断提高自己的英语阅读能力。

翻转课堂在英语阅读教学中的应用，不仅拓展了教师搜集英语阅读材料的渠道，丰富了其英语阅读教学的方法体系，同时也让学生认识到了阅读学习的重点不应是将注意力放在某个单词、语法的学习上，而应该是在理解文章主旨的基础上培养阅读技巧。在这样的英语课堂上，学生会转变对于阅读学习的看法，也会更加认识到英语阅读魅力，从而自觉进行英语阅读学习。

2. 基于翻转课堂的英语写作教学方法

传统应试教育关注的是学生的分数，纵然分数在一定程度上是学生学习效果与学习水平的体现，但是对于英语教学而言，分数并不是最重要的。因为语言的学习重在实践学习，所以听说读写译综合技能的培养才应该是英语教学的重点。为了实现这一教学目标，教育界开始了长时期的探索，并提出了不少新颖的教学模式，翻转课堂就是其中一种为大多数人所喜欢的模式。大学英语写作教学正在面临革新，翻转课堂在写作教学中的应用，给大学英语写作教学带来了新的发展机遇。

（1）英语写作翻转课堂教学模式设计。翻转课堂在大学英语写作教学中的应用需要一定的理论支撑，这个理论就是布鲁纳的教育理论，布鲁纳的教育理论认为一切教学活动都应该以学生为中心，能激发学生的积极性与主动性，同时教师要发挥自己的主导作用，给予学生恰当的指导。教师要在认清翻转课堂本质的前提下开展写作教学活动，这样才能保证写作教学的科学性与合理性。在英语写作翻转课堂教学中，教师可以通过以下三个步骤实施教学：

第一，课前精心准备授课视频。授课视频最好可以由教师自己录制，因为教师了解自己班级的学生，可以根据学生的学习特点在视频中强调学习重点。当然，教师也可以从互联网上下载现成的视频，不过，教师要确保这类视频是适合自己班级的学生的。此外，视频的长度要有一定的限制，最好控制在15分钟左右，选取内容时要从教材与学生实际的学习情况出发，内容一般包括三部分：一是学生进行写作学习时需要掌握的写作基础理论知识；二是一些优美的文章分析；三是在其他英语学习中也能使用的核心写作词句。

第二，课上组织开展多种形式的课堂活动。

课堂讨论（小组讨论或全班讨论）。通常情况下，课堂讨论的现实意义主要有两点：一是可以将学生在课前写作学习中遇到的问题汇总起来，教师根据问题可进行针对性解答；二是能够开阔学生的视野，启发学生的思维，还能帮助学生大量积累写作的素材。其实，课堂讨论对学生而言是非常重要的，它不仅为学生的实际写作打下坚实的基础，而且还极大地削弱了学生在写作时的焦虑感。

课堂写作。在课堂讨论结束之后，教师就可以向学生提供一些写作题目，学生根据自己的喜好选择题目进行课堂写作。学生必须要将自己学习的写作理论应用到写作中，同时，还要尽量呈现一些英语词汇、语法以及阅读学习中的学习成果。课堂写作可以帮助教师及时检验学生写作学习的成果。

审阅指导。英语写作重视英语知识的输出，具有很强的实践性，要求学生要扎实掌握英语写作知识，并能将这些知识应用到写作的遣词造句和谋篇布局上。同时，要想知道学生的学习情况如何，还需要教师能对学生的学习作出评价，评价的结果要及时反馈给学生，以使其可以调整自己的写作学习计划。此外，在翻转课堂模式下，教师批改作业的效率也提高了。

成果展示。写作教学有效性的实现与教师的指导有密切的关系，同时也与学生的情感参与关系密切，成果展示能使学生更加积极地进行情感参与。当学生在教师的指导下完成写作之后就到了成果展示阶段，在这一阶段，教师要鼓励学生当着全班同学的面宣读自己的作文，同时也可以与其他同学分享自己的写作心得。宣读自己作品的学生能够获得教师与学生的认可，其在后续写作中就会坚定写作的信心，而对于其他倾听的学生而言，这种分享可以让其学习到一些新的写作技巧，从而有助于提高其写作能力。

第三，课后有针对性地布置巩固性、拓展性的练习。课上内容教授完成之后并不意味着教学的结束，课下练习也应是教学的一部分，它主要的作用就是巩固学生课上所学。因此，教师要给学生布置一些其在课下需要完成的巩固性、拓展性习题。需要指出的是，拓展性习题一般是给那些已经消化了课堂知识想要实现自我新的提升的学生准备的。

（2）翻转课堂教学模式在英语写作教学中的应用。翻转课堂实现了网络资源与书本资源的整合，突破了时间与空间的限制，该模式为教师的写作教学提供了有效的指导。因此，教师可以在大学英语写作教学中引入翻转课堂模式。

　　第一，第一阶段的写作为"以读促写"。阅读是学生信息输入的方式，而写作是信息输出的方式，二者可以实现信息的互动。通常，学生要想写好一篇作文，其不仅要具备扎实的语法知识，有一定的词汇、句型积累，而且最重要的是，还需要其能对作品的主题有着准确而深刻的理解。那些本身知识面就比较狭窄的学生是很难准确理解作文主题的，同样也无法写出好的文章。因此，教师在写作教学过程中要多鼓励学生大量阅读英语原版资料，在拓宽自己视野的同时丰富自己的专业知识体系。写作训练是提升学生写作水平的有力途径，在写作课堂上，教师可以为学生提供与写作主题相关的文章，在学生阅读完成之后带领学生一起分析文章，从而使学生可以掌握文章书写的思路，然后让学生用自己的方式进行改写或者续写。需要说明的是，学生可以借助原文中的一些词汇或表达方式来充实自己的作品，这样就能在很大程度上降低学生的心理焦虑。

　　第二，第二阶段是自命题作文。在微视频中，教师可以给展示给学生一段材料，并对该材料进行解构、语法等知识的分析，然后从不同的角度出发找出可以写作的点，学生可以根据自己的写作喜好与写作能力出发选择合适的题目。教师还要对材料中的一些重点短语与句型进行讲解，并让学生尽量掌握这些内容，当其进行相关主题写作时就可以把这些短语与句型应用到自己的作品中。因为是由学生自行选择写作题目的，所以学生可以根据自己的兴趣完成写作。教师还要对学生的立意进行考察，以保证学生没有偏离题目。

　　在教学过程中，教师不仅可以为学生提供多样的题目，也可以为其提供丰富的题材，让学生进行多题材写作训练，从而提高其写作水平。写作是与生活息息相关的活动，教师还可以鼓励学生在旅游结束之后可以写游记，在电影观看完毕之后写观后感。此外，教师还可以搜寻一些能够继续展开写作的文章，让学生进行续写，这不仅能培养学生的写作技能，而且还能激发其想象力。

　　英语写作课堂翻转之后，学生可利用的写作资源更多，在写作中遇到的问题也能及时地获得解答。对于教师而言，他们将会有更多的时间为学生搜寻、整合写作资源，然后将这些资源分类，构建内容全面、分类明确的写作学习平台；教师可以有更多的时间去分析学生遇到的问题，然后根据问题进行针对性的教学设计，从而使整个教学活动变得更加顺畅、科学。

二、现代教育技术下的英语移动课堂教学

信息技术的飞速发展以及移动终端的普及，使移动互联网开始进入大众视野，并且成为影响人们生产生活的重要因素。学生学习方式因为移动互联网也发生了显著的变化，各种学习手机软件（App）的出现提升了学生学习的效率。英语教学也应该引入移动互联网，从而提高英语教学质量与学生的学习效率。

移动课堂是在移动信息技术支持下形成的教学模式，这一模式是理论与实践相结合的产物。移动课堂是依托成熟的互联网技术，教师与学生使用移动设备进行交互的活动。移动课堂教学就是指在移动互联网技术的帮助下，教师与学生可以在任何时间、地点通过移动终端设备完成教学互动的教学模式。在这一模式中，学生的角色发生了明显的变化，学生不仅是学习活动的践行者，而且还是其自身学习计划的制定者、内容的设计者。

移动课堂涉及的场景具有一定的真实性，并不是随便选取的，都是一些比较经典的社会场景，而且提出的问题也没有固定的答案，学生需要发散自己的思维去思考，这一教学模式是新颖的，对学生提出了更高的要求：学生需要具备较高的观察力，能够识别教学方式的优劣；具备分析与解决问题的能力；具备全面接受并吸收新知识的能力。大多数大学生都是成年人，他们具有抵制诱惑的能力，同时也需要以成人的学习标准要求自己，从而最终使自己的学习能力与学习水平得以提高。

（一）移动课堂中的教学内容分析

1. 课堂学习

课堂学习与传统教学是不同的，它是传统教学模式的延伸，课堂学习在实现过程中应该继续保持自己的优势，也就是对学生进行专业培养要保持其系统性。

（1）需要将已经为人所普遍接受的相对完善的知识体系结构导入其中，使其成为课堂学习系统的支撑部分。传统教学在专业培养方面已经有了长时间的探索，形成了丰富的培养经验，学生根据前人所设置的专业结构、课程标准等进行相关专业课程的学习，这时的学习是循序渐进的。不过，对于一些学习能力强的学生而言，他也可以进行跳跃式学习，但是需要打开相应的测试权限，一旦其可以通过测试，其就能学习其他拓展知识，但是这种学习

是一种违背知识建构正常规律的学习，并不是所有学生都适合。

（2）对于课堂学习的过程，教师要形成详细的记录，以便其能从整体上把握学生的学习进度。掌握学生的学习进度主要可以从两方面实现，一方面是关注学生的专业学习走向，另一个则是关注学生某一门专业课的学习进度。在进行专业选择之前，学生需要通过知识线路图对专业知识有基础的了解，待其完成导入课程之后，教师就可以根据学生的专业选择传授知识。教师为学生布置单元任务，让学习者的学习始终处于一定的范围之内，这样教师就能清楚地掌握学生学习的兴趣、习惯等。此外，教师要对学生不同时期学习的进度予以保存，以方便教师从整体上分析学生的学习情况，帮助学生优化其学习方式。

2. 课堂测试

课堂学习完成之后，就需要进入测试环节，这是移动课堂教学非常重要的环节之一。测试的结果一方面可以帮助学生了解自己学习的优势与不足；另一方面可以帮助教师完成自我反省。要想真正实现这一模块，就需要与传统教学相结合，在测试环节中导入传统教学积累的测试资源。测试资源的种类十分丰富，主要包括：①平时练习，这种测试资源主要是用来测试学生在日常学习中对某一部分基础知识的掌握情况，一般而言，需要学生自觉完成；②单元测试，这种测试资源主要是对学生一段时间内的学习情况进行检验，根据测试结果教师可以掌握学生先前的学习情况，之后便能根据学生的实际学习情况作出教学计划、教学设计、教学方法等的调整；③课程考核，当学生完成一门课程的学习之后，教师就需要对学生进行课程考核，以验证学生是否比较好地掌握了这门课程的知识。

通过对以上测试资源的分析可以发现，平时练习中涉及的知识多为专业中的具体知识点，这是学生进行后续学习的基础，因此必须要引起教师的重视，除了给学生提供一些习题资源之外，最好可以根据习题提供必要的文字或视频讲解，以提高学生的学习质量；单元测试是以章节为依据形成的测试资源，教师需要根据测试结果了解学生模块学习的成果；课程考核是在学生已经明确自己学习活动结束之后向教师提出考核申请之后生成的习题，学生的考核结果需要被保存下来，因为后续课程的开设要以这些结果为依据。

3. 交流互动

移动互联体系中最具特色的部分当属互动环节，但是这一环节并没有在泛在学习系统中得到很好的应用。传统课堂教学忽视了教学中的互动性，教师在讲台上独自演绎，学生只是被动地听讲，课堂上的唯一的互动就是教师问、学生答。将移动互联技术引入传统课堂可以加强教师与学生之间的互动，传统课堂上存在的少有的互动可以在线上完成，这极大地加强了教师与学生的互动，同时还让学生与学生之间实现了良好的互动。交流互动时需要注意以下方面：

（1）互动方式的选择。在线课堂使用的互动方式主要有两种：一是设置评论，学生观看完视频之后，可以在评论区发表自己的观点，其他学生可以紧随其后，这样他们就可以对同一问题进行热烈讨论，从而保证了知识的严谨性，当然教师也可以参与进来，与学生一起互动，同时也能对学生的看法进行评价；二是引入第三方联系的渠道，微信在人们日常生活中扮演着重要角色，它不仅是人们友好交流、增进感情的工具，同时利用微信还能完成学习层面上的互动，学生可将自己在学习过程中存在的问题通过微信发送给教师，教师可对其问题给予解答。

（2）互动内容的选择。互动交流行为有着显著的现实意义，主要体现在两个方面：一是打破了传统课堂上学生地理距离近而心理距离远的现状，学生不仅能在学习上实现友好的交流，同时还能增进情感交流；二是教师与学生之间的互动使教师可较为全面地把握学生的学习情况，从而为以后的教学设计提供借鉴。这就给英语教师以启示，在设计互动内容时必须要考虑学生的意见，考虑自己过去的教学心得以及师生互动的相关内容。

4. 资源共享

大多数课程都有着很长的课程设置历史，这使其在课程发展过程中也积累了大量的参考文献资料。而且，学生在学习过程中也会利用网络查找相关资料，如果这两类资料都可以被整合起来，构建一个资源库，那么学生以后查询资料就会变得非常方便。教师在设计这一模块时还需要考虑资料的来源问题，因为来源不同教师就需要设置不同的上传权限，这样做的目的就是使资料在上传的过程中完成分类，这既节省了教师的工作时间，也方便了学生的学习。只要有权限，每个人都可以上传资料，所以长此以往资料的体量将会变得越来越大，这时可提供关键词搜索或者资源链接的方式让学习者继续学习。

总而言之，在"互联网+"教育理念的支持下，移动课堂通过资源分享、师生互动、在线考核测试的方式实现了对传统课堂教学的强化。在教育信息化不断推进的今天，将移动课堂引入英语课堂教学有着不错的前景。

（二）英语教学中融入移动学习的重要性

1. 英语教学中融入移动学习的必要性

移动学习就是呈现学生如何"学"的一种新型教学模式，因此可将其引入英语课堂教学中，使其成为推动学生自主学习的重要推动力量。

（1）移动学习是一种课堂之外的非正式学习方式，能培养学生学习的自主化。移动学习是一种高效、便捷的学习方式，它对学习内容进行压缩，保持了自身灵活的终端特性，很明显，这是一种符合学生学习需求的学习方式。通过移动学习，学生可以高效地进行自主学习，可以利用日常琐碎时间学习，这样就提高了学习的效率。

（2）移动学习终端设备的便携、灵活等特性符合英语学习的认知特点。建构主义理论认为，学习是学生依托已经经验对新知识进行选择、加工与处理的过程，英语学习过程也是这样的一种过程。在英语学习中，学生需要及时将旧知识找出来重新温习，确保过去形成的短暂性记忆可以通过复习转变为长时期记忆，移动学习的灵活性恰恰满足了学生巩固知识的需求。因此，移动学习是符合学生知识学习与巩固规律的一种教学模式。

（3）利用移动学习工具可以搭建虚拟的语言学习环境，增强学习者的体验。从本质上来看，语言教学并不是要机械地向学生传授知识，而是要从语言规律之外出发为学生构建一个良好的语言学习环境，从而使学生即使在真实的语言交际中也会保持较高的英语应用水平。移动终端具有智能化特征，它可以通过文本、图片、音频与视频等形式给予学生更加丰富的感官体验，这样就有效激发了学生对英语学习的兴趣。

移动学习是信息时代出现的一种新的学习方式，它使学习方式框架得以丰富，同时还为学生提供了多样的学习资源。因此，移动学习的优势使其可以应用到大学英语教学之中。

2. 英语教学中融入移动学习的可行性

（1）大学英语移动学习具备了实施的物质基础。移动学习的物质前提已经具备，具体表现为以下方面：

（2）移动学习需要依靠的外部硬件条件已经十分成熟。以手机为例，现在大学生拥有的手机都有着比较高的屏幕分辨率，学生可以清楚地看到教师讲解知识的画面；中央处理器（CPU）处理速度也已经非常快，如果学生对前面的知识并未太懂时，其就可以快速回到前面的视频中；内存也变得越来越大，这就让学生可以存储更多自己认为有用的知识。

（3）移动互联网实现了快速发展，几乎人们走到哪里都有免费的行动热点，这种全覆盖的网络为学生进行移动学习提供了重要保障。尤其是现在，人类已经进入5G时代，信息下载速度有了显著的提升，学生可以更加高效地完成英语移动学习。

（4）信息技术在英语教育中的应用已经常态化。教师从互联网上为学生下载英语学习资源，同时利用多媒体工具为学生讲解知识，或者直接进行直播授课。同时，社会为学生提供了大量的英语学习App，学生在课下也能完成英语学习，从而使其英语知识结构体系更加丰富。

（5）大学生具备接受移动学习的相关能力。传统英语课堂的时间毕竟有限，所以学生学习的知识也是有限的，且对知识的消化程度可能不高，这就要求学生可以利用课下时间开展自主学习，移动学习就是这样一种可以实现学生自主学习诉求的学习方式，也能满足学生已经具备的接受移动学习的相关能力。

（6）英语学科及教学特征可以实施移动学习。作为一门语言，英语的主要属性就是交际工具，因此在真实的场景中开展英语学习是非常有利于知识的吸收与应用的。支撑移动学习开展的移动设备没有时间、地点的限制，它具有可移动性，因此学生拿着移动设备就能在任何地方实现英语学习。

总而言之，英语移动学习是必要的，而且也是可行的，它是对传统英语教学的有效补充。不仅能较大程度上提高英语教学的质量，而且还能转变学生的学习方式，提高其学习质量与效率。

（三）英语移动课堂教学方法的实现策略

1. 英语移动课堂教学方法的实现方式

（1）基于短消息的移动学习。基于短消息的移动学习模式将涉及消息传递的各种对象之间的关系体现了出来，不仅体现了教师与学生、学生与学生之间的关系，而且还体现了学生与教学服务器、教师与教学服务器之间的关系。在立体传递关系过程中，学生能获得从不同视角出发分析与解决问题的方法，这极大地促进了学生自主学习的实现。

（2）基于课堂直播形式的移动学习。借助网络与多媒体技术，远程教育机构在网上进行授课课堂直播就是我们所说的课堂直播，一般也可将它称之为直播课堂。课堂直播的作用不仅体现在即时的课堂讲授上，当课堂结束之后，这些直播视频资源就可以转化为随时点播资源，学习者只要想要学习，其随时随地都可以进行点播。课堂直播使学生即使不在课堂上也能感受与教师面对面的氛围，其为学习者构建了真实的学习环境，并能有效消除学习者移动学习过程中的不少干扰因素，还能较大程度上将课堂教学的作用发挥出来。

（3）基于资料收集形式的移动学习。一般而言，这里的资料主要分为两种：一种是在学习平台上，由各大教育机构提供的各种教学资源；另一种是存在于互联网各个角落中的多样的学习资料。学习者进行资料下载的行为与其学习需求有很大的关系，他们为了想要获得自己需要的学习资料就会自行从互联网上搜索，由于这是学习者的定向学习行为，这也使其移动学习具有了个性化学习的属性。

（4）基于视频通话交互的移动学习。学习者可以借助语音和视频的方式，解决自己在学习过程中所遇到的难题。这种方式可以给学习者创造一个良好的学习氛围，使学习者通过移动学习终端的界面可以获得实时交流的感觉，也能让其置身相对真实的英语课堂中，从而使学习者会更加乐于学习，也会更加愿意与同伴、教师一起探讨问题。

（5）基于移动学习平台的移动学习。现在有一些移动学习平台可以使用智能终端将课程前后、师生之间的教学互动进行连接，通过智能终端将课前、课中、课后的教学环节使用信息化手段进行全覆盖，如可以在课前将课程的资料发送给学生，让学生进行预习；教师可以通过移动学习平台了解到学生学习的相关数据，并可以根据数据调整上课内容；在课堂上教师可以使用这些学习平台进行实时互动，使每个学生都能参与到互动中来；课后教师也可以为学生布置一些与其在课堂上所学的内容相关的任务，并利用平台的数据分析与管理功能对学生的课下学习行为进行数据分析，从而最大化地利用信息手段服务教学、促进教学。

2. 英语移动课堂教学方法的应用策略

（1）充分利用社群和网络。利用移动技术，学习者的学习行动将更加自由，他们不仅能控制自己学习的每一个环节，而且在制定学习目标、选择学习方式上也能对自己的学习情况有正确的认识，从而作出正确的决定。如果从社会认知的视野出发，可以看出，学习也是一种社会行为，学生在群体中的学习也有着各种互动与交际关系，这些关系与学习内容有着同样非常重要的地位。学习社群并不是固定的，它是动态发展的，正是因为它的这一特性，才使其可以在多个层面上全面推动学习者开展自己的学习活动，总结自己的学习经验。社群内部的每一位成员都可以将自己获得的学习经验在社群内部分享，长此以往，这样的分享将会让每个成员都获得丰富的学习经验，从而使其可以在学习上少走弯路，提高学习的效率。在学生共同分享学习经验的社群中，每个人都是平等的，他们都是学习上的能手，他们看待问题的角度因为互联网而打开了，他们更加喜欢把问题放置在情境中去解决。社群内部的成员之间可以从别的成员那里获得优秀的学习经验，并对其学习活动进行模仿，这样学习者就会更加优化自己的学习活动。所以，英语移动学习的实现需要网络以及社群的帮助。

（2）有效结合解决问题的各个方面。移动学习与计算机辅助学习有着显著的差别，就其功能而言，它并不具备与计算机一样强大的功能。通常情况下，移动设备的显示屏并不大，联网速度也不快，更重要的是，其处理信息的能力也比计算机弱很多，所以任何一个移动平台的功能都无法与计算机相媲美。我们要对移动学习作出精准的定位，不能将其单纯地看作是一种解决学习问题的工具或者方案，它应该是英语教学过程中教师所利用的工具的一部分，移动学习这个工具与其他教学工具一起共同作用促进英语教学目标的达成。

（3）移动英语学习者应成为积极的、互动的知识构建者。移动学习被应用在英语学习中，能促进大学生英语知识结构体系的构建。学生没有必要在一致的时间内开展英语学习活动，这是因为移动学习可以让英语学习群体在不一致的时间相联系。在进行群体英语学习时，学生如果有疑问就可以向教师请教，也可以与其他同伴一起探讨。并不是所有学生都能对所有英语知识做到扎实的掌握，他们总有自己喜欢的或者具有优势的部分，有些学生英语听力好，有些学生英语阅读好，这就让学生往往会根据自己的学习情况决定自己的信息传达内容。学生之间进行互动，可以让其进一步明确英语知识的学习不只有一种思路，其他人的学习思路同样值得被尊重，同样值得学习。

总而言之，移动学习中的学习者应该是主动的知识构建者，他们主动与教师、学生互动。同时，教师在学生移动学习的过程中也要转变身份，应该成为学生学习活动的促进者，帮助他们完成有效的学习。

三、现代信息技术下的英语智慧课堂教学

信息技术的迅速发展带动着教育教学的信息化改革，作为技术含量较高的新兴教育形式，智慧教育能够满足学习者和教学者多种需求。

（一）智慧课堂的理论知识分析

1. 智慧课堂的特征表现

（1）数据动态化。数据动态化是智慧课堂的首要特征，智慧课堂就建立在各种数据基础上，它利用大数据技术收集学生在学习过程中产生的各种行为信息，并对其进行数据分析，为教师提供直观的、精确的学情报告，以便教师合理地调整教学流程。并且智慧课堂中的数据是动态的，教师可以实时掌握学生的学习状况，动态地调整教学策略。

（2）实时个性化。智慧课堂可以为学生推送个性化的学习资源，满足学生的个性化学习需求，并且还能够为师生、生生之间的交流提供实时互动的平台，教师可以实时掌握学生的学习进度，学生也可以随时向教师提出问题，教师与学生都可以通过智慧教学平台获得及时的反馈与评价。

（3）高效互动化。智慧课堂引进了各种先进的教学技术，这些现代教学技术极大地提升了课堂的互动效率，除了常见的小组协作学习、讨论学习之外，智慧课堂还引进了抢答器、随机挑人等设备，这些新兴技术为智慧课堂增加了趣味性，使学生的积极性与学习热情得到了激发，更使课堂上的互动交流更加高效。

（4）多元智慧化。智慧课堂采用了多种新兴的教育技术，使课堂变得更加多元，同时智慧课堂还具有大量的智慧、智能元素，它能够智能地监测学生的学习过程，智能地生成数据分析报告，智能地推送教学资源。

（5）工具丰富化。智慧课堂引入了各种各样的教学工具与学习工具，并且它将这些智慧教学工具应用到了许多真实的、具体的情境中，这有助于学生自主建立相关的知识体系。丰富的、智能的学习工具为学生创造了一个智慧化的学习环境，提供了多种学习途径。

2. 智慧课堂的目标分析

教育目的就是人们在开始正式的教学活动之前，在脑海中对教育的结果所产生的预期，它也是教育应该达到的标准与要求。因此，人们期望通过一定的教育活动设计和教学手段去获取的最终结果就是教育目的。

第五章　高校英语学科的教学方法探究

教学改革的推进无疑对教学目标的设定产生了一定的影响，人们对教学目标的设定开始朝着多样化的方向发展，除了对学生的知识水平有所要求之外，还提高了对学生动手能力、实践能力以及价值观的要求。现代教育的目标更加关注人的发展，具体而言，包括人的完整发展、和谐发展、多方面发展以及自由发展。完整发展是指人的基本素质要得到整体上的发展；和谐发展主要强调各种素质的协调发展；多方面发展是指人的各项素质要尽可能地多样化发展；自由发展强调人的个性发展与自主发展。将这几个方面综合起来就构成了人的全面发展。由此可见，现代教育的目标越来越综合化，人们希望学生不只要在课堂上学到知识，还要学到学习知识的方法，同时也要学会感知学习的乐趣，提升自己的综合素质。

智慧课堂的教育目标与上述教学目标相一致。因此教师在智慧课堂教学中要对学生有充分的了解，积极调动学生的兴趣与热情，通过客观、公平、个性化的评价驱动学生投入学习。具体来看，智慧课堂的教育目标可以从以下三个方面进行探讨：

（1）教育资源有效获取与存储。经过了数字化处理，能够在计算机网络中投入使用的教学资源就是智慧课堂的教学资源。因此，它是在教育信息化的推进下产生的，智慧课堂教育资源能够促进教育教学的改革发展。一般而言，网络课程、音频视频资料、电子教案、数字化资源库等都属于智慧课堂的教学资源。根据具体的功能作用划分，教育资源可以分为教学素材与辅助程序两大类。教学素材就是我们常见的在教学活动中频繁用到的文字、图片、音视频等形式的教学资源；辅助程序则指能够帮助学生解决问题的教学程序，如学生遇到不认识的单词时，可以用网络英汉双解程序查找其释义，这种程序也属于教学资源。对智慧课堂的教育资源能够有效存取与利用是教师必须具备的能力，同时这也是智慧课堂重要的教育目标。

（2）实现课堂教学高效互动。传统课堂的师生互动往往僵硬且无效，智慧课堂推出的互动式教学系统则突破了这一难题，真正实现了有效的课堂互动。智慧课堂主张教师在进行教学设计时应该将"互动"放在中心位置，同时借助多媒体技术、互联网技术、大数据技术以及云计算技术等新兴的教育技术，开展丰富的课堂互动活动，互动活动可以有多种形式，可以是一对一，也可以是一对多、多对一，教师与学生可以相互交流分享自己的观点。这极大地增强了学生的课堂参与感，有助于加强学生的学习兴趣，激发学生的学习思维。智慧课堂不仅为师生互动提供了良好的环境，还增加了互动的对象，拓宽了互动的范围，使高效互动课堂成为现实。

（3）培养学生的学习主动性。科技的进步与时代的发展改善了人们的生活条件，教育领域也在不断涌现出丰富的教学资源与先进的教学设备，教育信息化、智慧教育等教学理念逐渐被人们接受，教师与学生的教学学习生活也在朝着多样化、个性化发展。基于这一背景，主动探究学习逐渐成为人们提倡的学习模式，传统的被动接受学习正在被淘汰。

在传统课堂上，学生采用的是传统的学习方式，即上课听讲、记笔记，下课完成作业。这种学习方式忽略了学生的主动性，也忽略了学习的过程，只关注学习的结果，如果没有教师严格的监督和管理，学生就可能会进入消极学习的状态。基于网络技术与计算机技术的发展，智慧课堂出现了，它为学生提供了全新的、多样的学习方式，拓宽了学生获取知识信息的渠道。学生可以借助这些数字化资源与网络平台开展自主学习，自主选择感兴趣的学习内容，自主选择学习的时间与空间，学生的学习主动权重新回到了自己手中。智慧课堂期望能够激发学生的主动性，改变学生被动消极的学习状态，让学生更加积极地投入学习中。"学生在智慧学习环境和教师有效的教学组织形式下，提升自身的认知、情感、思维等智慧潜能，达到智慧学习的目的。"[1]

3. 智慧课堂的支撑条件

（1）智能移动终端的支撑。智能移动终端通常指人们日常生活中频繁使用的智能手机、电脑等。它使用起来非常便捷，具有移动性与实时性，并且可以同时执行多个任务。移动互联网技术为实现移动学习提供了技术条件，在现代社会中移动学习几乎贯穿着人们的生活。在此背景下，越来越多新兴的、先进的移动学习设备被创造出来，这些设备可以帮助人们随时随地开展学习活动。

具体来看，智能移动终端的特点主要体现：第一，就硬件而言，智能移动终端将CPU、存储器、输入和输出部件融于一身，它实际上就是一台微型的计算机，还具备了通信功能；第二，就软件而言，智能移动终端，包含操作系统，这些操作系统涉及的内容非常丰富，包括教育、娱乐、购物、社交等方面，并且这些系统大多数都是可以免费使用的；第三，就通信而言，智能移动终端适用于多种网络标准，它的接入方式比较灵活，而且具有高带宽

---

[1] 朱燕华，陈莉萍. 大学英语智慧课堂教学评价指标体系构建[J]. 外语电化教学，2020（4）：94.

的优势；第四，就功能而言，智能移动终端的功能在逐渐完善，并且朝着人性化、智能化的方向发展。

在智慧课堂中，主要使用的智能移动终端就是智能手机，随着智能手机的屏幕逐渐优化、功能逐渐丰富，其在教育领域的应用也越来越普遍。智慧课堂中的智能手机主要具备的功能包括：一是社交功能。手机本身就具有社交功能，而智能手机中的微信、腾讯QQ等软件则优化了这一功能，学生可以借助这些聊天工具与教师、其他同学进行即时交流。而且这种交流可以是文字形式的，还可以是语音、视频形式的。二是搜索查询功能。智能手机具有便携性，学生在学习过程中往往会遇到需要查询的知识信息，手机则可以满足学生的这一需求，让学生随时随地都能搜索信息。三是阅读观看功能。学生的学习离不开阅读，智能手机可以为学生提供电子书与优质的课程视频，让学生随时随地都能阅读观看，为学生的碎片化学习提供了设备条件。

（2）智慧学习技术的支撑。智慧课堂建立在诸多先进的现代教育技术的基础上，这些先进的信息技术就是智慧学习技术，其中包括大数据技术、人工智能技术、云计算技术、物联网技术等。在信息技术的更新迭代中，人类开启了大数据时代。大数据技术在教育领域的应用也逐渐推广开来。大数据主要的特征为：第一，容量大，即拥有海量的数据；第二，种类多，即数据的类型丰富；第三，速度快，即人们可以快速地获取数据；第四，真实性强，即数据质量较高；第五，价值大，即数据可用价值高。要想充分发挥大数据的功能，就必须结合学习分析技术，该技术主要对这些海量的学习数据进行分析，进而对学生作出客观的评估，找出潜在的问题，并且提出应对的方法。智慧学习技术是相互联系的，不能孤立地看待，它们往往会一起发挥作用。

在传统的课堂教学中，教师往往很难了解学生的学习过程与轨迹，无法实时掌握学情，而智慧学习技术的出现，将师生在课堂上的教学学习数据尽数捕捉，并且能够对这些数据展开科学分析，还能将其可视化，使师生更加直观地了解相关的教学信息，帮助教师制定教学策略。

（3）智慧学习环境的支撑。一般而言，学习环境主要由物理环境与虚拟环境构成，在智慧课堂中，物理学习环境就是智能教室，而虚拟学习环境就是智慧学习平台。传统的教室环境的构成元素比较简单，包括教师、学生、讲台、黑板等，这种教室形态比较原始。不过，教室环境简陋不代表传统的课堂就没有智慧，智慧始终存在于每个时代的教学活动中，只是其内涵及表现形式有所不同。传统课堂的智慧主要体现在师生的言行举止上。现代信息技术的出现改变了教室的形态，如多媒体技术促成了多媒体教室的建立，但是实际上此时学生的学习模式并没有多大的变化，只是从"人的灌输"变成了"技术灌输"，学生依然在被动地学习，智慧培养没有得到重视。而智慧课堂则改变了这种局面，它依托于智慧教室，致力于促进学生智慧的生成。

智慧教室的组成要素包括基础设施、泛在网络、教学平台、技术支持平台、移动终端设备等。其中，基础设施是指教室中的桌椅板凳、灯、计算机、无线路由器等；泛在网络是指多种网络连接方式；技术支持平台指数据采集、数据分析平台；教学平台是指能够完成教学实施与管理的平台；移动终端设备则指智能手机、平板电脑等。

在现代教育技术发展的初期，由于缺少完善的平台，这些智能技术只能被零散地应用，不能将其功能发挥到最大，而"互联网+"时代则促进了它们的技术融合，许多开放的、智能的移动学习平台建成，教师与学生可以在一个平台上完成所有的教学任务与学习任务，包括师生互动、布置作业、完成作业、教学评价等。并且这些平台还在不断更新完善，不断满足人们新的需求，智慧学习平台在教育领域的应用也越来越普遍。

（4）智慧学习资源的支撑。学习资源是指在学生在学习过程中需要的信息资源与实物媒体，它是教师与学生开展教学学习活动的前提。具体来看，信息资源是指学习过程中需要用到的信息技术、教学设备等，实物媒体则指学习活动中需要的实物、标本、模型等工具，实物媒体更加形象直观，具有较强的真实感与空间感。智慧学习资源就是智慧课堂教学所需要的资源。

智慧学习资源包括预设性学习资源与生成性学习资源。预设性学习资源是智慧学习平台所提供的所有资源的集合，它鼓励资源独立于设备。学生可以随时随地用手机在资源库中查找资料，选择自己需要的资源。并且智慧学习平台还能按照学生的学习特征、学习需求为其推送合适的学习资源。生成性学习资源具有生成性和发展性，它并不是预先存在的资源，而是随着学生的学习活动不断生成的资源。学生与教师、同学的交流记录，学生的个人反思与学习成果等都属于生成性学习资源。

（二）英语智慧课堂的教学研究

1. 英语智慧课堂的教学价值

（1）英语教学资源共享。英语智慧课堂将现代教学技术引入英语课堂之中，促进了师生之间的互动交流，并且优质的英语教学资源可以通过网络远程输送到各个地方，促进教学资源的共享。空间上，通过多媒体教学技术，学生可以坐在教室中看到其他学校的教室场景。英语教学可以以异地同步的教学形式进行，英语的学习不再受到空间的局限，不管是优秀的教师还是优质的教学资源都可以共享。时间上，教师与学生的互动交流可以摆脱课堂时间的限制。即使在课下，学生也可以向教师提出自己的问题，与其他同学在线上进行讨论，学生的思维也不再局限于某个课堂，其英语学习思维会得到拓展。

（2）提高英语课堂效率。基于信息技术与大数据技术形成的英语智慧课堂能够极大地提升英语课堂教学效率，辅助英语教师设计出合理的、个性化的教学方案。英语智慧课堂有着非常丰富的教学知识储备，支持多样化的教学形式，能够借助现代信息技术实时分析学情，跟踪记录学生的学习过程，并且可以随时回顾相关的教学内容。具体来看，英语智慧课堂对英语教学效率的提高主要体现在两个方面：一是教学密度高；二是教学节奏快。教学密度高是因为英语智慧课堂涉及的知识范围非常广，教学内容多，练习量较大；教学节奏快是因为在现代教育技术的辅助下，英语课堂教学的节奏加快了，不过依然遵循着一定的秩序。

在信息时代的背景下，英语教学资源的内涵也有所扩展。现如今，除了基础的英语教材之外，其他相关的辅导书籍、音频、视频以及网络上的课程资源都属于英语教学资源。只要英语教师仔细筛选，加以利用，就能为英语课堂增添各种有趣的、新鲜的内容。英语教学必须与时俱进，关注网络教学资源，加强信息技术与英语课程的整合，最大限度地提升英语课堂教学效率。

（3）帮助教师更好教学。传统的英语教学模式下，英语教师除了在课上讲授知识之外，还有许多其他的教学任务要完成，如备课、批改作业等，工作量较大，教学任务比较繁重。智慧课堂的出现则缓解了这一问题，它可以根据英语教学大纲以及本节课的教学内容，智能化地为教师推荐教学课件，推送相关的音频、视频教学资源，还会筛选出课程内容的重难点，推送具体的应用案例等，这为英语教师备课带来了极大的便利。英语教师可以借助这些优质的智能化课件，高效、快速地完成备课任务，其教学负担被减轻了。

以前，英语教师必须每天批改作业，只有这样才能掌握学生对知识的理解程度，还要组织学生每周或每月进行一次考试，设计试卷、修改试卷，期中或期末考试的工作量会更大，这些工作都是对教师教学时间与精力的消耗。智慧课堂则以智能化技术与海量的资源库，代替了教师的出卷、改卷工作，并且还能在改卷之后自动生成分析报告，明确学生在学习中的问题，为教师提供了精准的、科学的数据，便于教师有针对性地修改教学策略。显然，智慧课堂帮助教师节省了大量的重复劳动的时间，使英语教师的工作负担有所减轻。

（4）更好实现因材施教。每个学生的学习能力与学习特色都不同，每个个体之间都存在差异，但是由于教师数量有限、课时安排不足等多个方面的原因，传统的英语课堂教学很难做到因材施教，教师只能用一个统一的标准要求学生，这导致许多学生都不能充分发挥其学习潜能，教师也难以达到预期的教学目标。现代教育技术的发展正在逐渐解决这些问题，教师可以借助计算机技术与网络技术，为学生创建一个良好的自主学习环境，在这里学生可以根据自己的学习能力与学习兴趣，灵活地采用各种学习方式与学习途径开展英语学习。对于学习能力较弱的学生而言，他们可以选择难度较低的课程，循序渐进地展开学习；而对于学习能力较强的学生而言，他们则可以选择较高难度的课程，挑战自己，激发自己的无限潜能。可见，智慧课堂使因材施教的实现成为可能。

（5）培养教师互联网思维。所谓互联网思维是指在网络信息时代下产生的一种全新的思维方式，它具有诸多优势与特点，具体包括跨界融合、平台开放、关注用户、强调体验、应用大数据技术等。教师制作教学视频的任务重、压力大，不能仅仅依靠教材进行视频制作，而是要充分利用互联网中的优质资源。教师可以在网上寻找一些符合自己需求的、合适的、优质的课程视频，直接下载使用，这能够有效减轻教师的工作压力。另外，大学英语教师之间也要进行微课视频共享。

传统的英语课堂教学需要依赖教师的主观经验，而现代英语智慧课堂依靠的是大量的、充足的客观数据。借助大数据技术对学生学情、教学效果展开分析，极大地推动了高校英语教学改革的进程。具体来看，大数据技术与人工智能技术可以使教学分析结果可视化，教师可以通过清晰的图表了解教学效果，反思教学策略，进而有针对性地予以调整。教师还可以借助新兴技术分析掌握学生的个性特点、学习偏好，从而帮助学生找到最适合自己的学习方式，为学生制定个性化的学习计划，真正地实现差异化、个性化教学。由此可见，现代信息技术与大学英语的深度融合有助于学生的个性化发展。

总而言之，一个"互联网+教育"的时代已经到来，英语智慧教学的研究探索还是一个崭新的课题，无论是理论研究还是实际应用都处于起步阶段。

积极探索信息技术和英语课堂教学深度融合的途径和方法,是英语教育者共同的理想。

2. 英语智慧课堂的应用方法

(1)智慧课堂在英语听说教学中的应用。

第一,智慧课堂在英语听说教学中的应用原则。

真实性原则。在智慧课堂中,对大学英语听说教学相关任务内容进行设计时,教师应该贴近学生的真实生活,并将学生的一些真实经历融入其中。这种教学设计有利于将教学理论知识与社会生活有机结合,从而调动学生学习的积极性和主动性,更有利于学生将自己所学的理论应用于具体的社会生活实践中。在日常的大学英语中,英语教师为了提高学习的成绩,会组织多种形式的活动。虽然这些活动内容丰富、涉及范围广泛,但都存在着一个共同的缺点——缺乏真实性,不利于激发学生学习的兴趣,也不利于理论与现实生活的有效融合。因此,教师在设计英语教学任务时,应该保证英语教学任务的真实性,多组织一些真实性的活动,从而提高学生对知识的探究欲望。

阶梯性原则。在英语智慧课堂教学中,教师要根据学生的实际学习情况来进行教学任务的设计。同时,教师还应该明确,教学与学习是一个不可分割的系统,两者之间并不是孤立存在的,而是相互影响、相互作用的。教师要结合英语听说教学的具体目标以及学生之前存在的个体差异进行英语听说任务的设计,遵循任务的阶梯性原则,即先设计一些简单的、容易理解的任务,再设计一些复杂的、难以理解的任务。具体而言,教师在设计一个单元的任务时,首先应该将所有的任务集中在一起,然后再遵循阶梯原则,将一单元中所有的任务进行由易到难的设计。同时,还应该注意的是,教师在设计任务时应该保证任务与任务之间的衔接性、层次性、合理性、逻辑性,这样有利于激发学生探索任务的兴趣。

交流性原则。由于听说教学的特殊性,所以教师在进行英语智慧课堂听说教学任务时还应该遵循交流性原则。学生通过交流能够认识到自己的不足,并改正自己的不足。同时,学生在交流中也能够学习他人的长处,发现他人的不足,这样有利于学生吸取他人的经验和教训,从而促进自己听说能力的提高。如果任务的设计缺乏交流性,那么学生与学生之间就无法相互学习,也无法取长补短,这在一定程度上会限制学生的发展。

延展性原则。在英语智慧课堂教学中,教师在设计任务时不应该只局限于英语课堂教学，还应该根据学生的学习情况和任务的目标恰当地将学习任务延伸到课堂外，与课堂外的一些活动相结合。这就是英语智慧课堂教学中的延展性原则。英语智慧课堂教学不同于传统的英语教学，是英语传统教学的一种改革和创新，全方位的教学环境、丰富的教学资源和学习资源是开展英语听说智慧课堂教学的关键。

此外，在进行英语听说教学任务内容设计时，教师应该在英语听说教材内容的基础上融入一些其他与之相关的学科内容，这是对任务内容的延伸。

第二，英语听说智慧课堂教学的可连续对话型设计。

一是，明确学习目标。在可延续对话型任务设计中，教师应该将学习目标置于首位。同时，教师要注意学习目标完成的顺序。具体而言，可延续对话型任务强调的是任务的可延续性，主要是指围绕某一问题组织的一系列可持续的学习活动。在每个阶段的对话中，任务都是明确的，同时也是可视化的。在完成每个阶段任务对话后也可以测量自己完成任务和目标的情况。同时，教师不受教材的限制来安排对话，而是根据句法的难易程度以及对话的准确、熟练来进行安排，保证对话的逻辑性、层次性、梯度性等，这样有利于为学生提供可延续对话型系列活动。

教师要鼓励学生参与可延续对话系列活动，积极主动地学习，从而在完成每个阶段对话目标的基础上实现整节课的学习目标。这种可延续对话型任务设计也适用于大学英语听说智慧课堂教学。同样，在这一任务的设计中也要注重学习目标的制订，并通过英语听力每个阶段对话子目标的完成来实现英语听说课程目标。

学习者分析。学习者分析也是可延续对话型设计应该考虑的因素。通常情况下，教师会通过学习者的学习需要与学习特征来进行学习者分析。智慧课堂与传统课堂不同，它注重学生的自主学习和个性发展，同时确立了学生的主体地位，课堂教学主要以学习者为中心。要想实现智慧课堂的教学目标，必须综合分析学习者，如学习者的实际听力水平、学习习惯、学习心理、学习素养等都是分析的范畴。

大学英语听说智慧课堂教学坚持以学生为中心的理念，将学习者的学习特征与学习需求融入具体的听说教学任务设计中。同时，教师还围绕听说教学目标、教学内容、学习者的学习特征和需求创设真实的英语听说情境，这在很大程度上促进了学习者智慧的生成，调动了学习者学习英语听力和口语的积极性，提高了学习者的语言表达能力和应用能力。

确定主题。确定主题也是可延续对话型任务设计的重点。教师根据学习目标以及学习者的实际学习情况，结合教材内容，选取与学习者学习、生活联系比较密切的主题，并遵循循序渐进、由易到难的顺序进行主题的确定。而学生可以根据自己的学习情况、兴趣爱好等来合理选择主题和对话伙伴。这里需要指出的是，智慧课堂不同于传统课堂，学生的对话伙伴在传统的同学伙伴的基础上，还增加了一些移动终端，当然这些移动终端是可以进行人机对话的。

在选择完对话主题和对话伙伴之后，每个小组就可以进行对话练习了。需要指出的是，每个对话小组在对话主题、对话内容上是不一样的。因此，每个小组的对话方式、学习方法也都存在着一定的差异。而学习平台会将每个小组的学习情况以及差异记录下来。教师要想对每个小组进行合理评价，就可以以学习平台的记录为依据。

具体到大学英语听说智慧课堂教学中，教师在设计任务时也应该注重主题的选择与确定。同时，教师在选择主题时应该根据学生的听说水平、英语学习兴趣、社会生活经历等，从而使主题能够满足学生的需要，激发学生学习的兴趣。另外，教师还要注意对话内容的顺序，应该遵循循序渐进的原则，在一步步任务和活动的促进下，学生的英语听说能力也会有很大的提升。

选择交互形式。每个小组有着不同的对话主题，每个小组可以根据自己的对话主题来选择合适的交互形式。比较常见的交互形式有学生与学生之间的互动形式、学生与具有人机对话功能的移动终端的互动形式、学生与教师的互动形式。

具体到大学英语听说智慧课堂教学，教师也要引导学生科学选择交互形式。与传统的教学模式不同，智慧课堂教学有着网络平台的支持。因此，教师可以引导学生在学生与学生互动的基础上，将学生与移动终端的互动融入其中，这样智慧课堂的网络学习平台上的资源能够有利于丰富小组对话的内容。总而言之，生生交互形式与人机交互形式的有机结合，有利于互动形式的多样性，也有利于小组对话的可延续性。

需要指出的是，无论选择哪种交互形式，都必须有利于对话的开展。只有适合自己的才是最好的。同时，教师还应该使学生意识到网络学习平台在小组对话中的重要性，并通过网络学习平台进行对话和互动。另外，教师还应该引导学生注重交互形式的多样性，在一种交互形式的基础上还可以根据实际情况选择其他的交互形式，从而弥补一种交互形式的不足。教师还应该充分发挥自己的指导作用。具体而言，教师要对生生互动、人际互动、师生互动等互动形式进行讲解和示范，使学生明确这些互动形式的策略、重点与注意事项等，从而最大程度上提高学生的学习效率和效果。

学习支持服务设计。在智慧课堂教学中，学习支持服务可以弥补传统教学的不足。具体到大学英语听说智慧课堂，教师在设计英语听说教学任务时，充分利用网络技术，将智慧课堂融入具体的听说教学设计中，实现了网络技术与智慧课堂教学的整合。教师利用多种信息技术工具，融入多种信息技术资源，真正实现了线上线下资源的整合。同时，教师还注重学习支持服务设计。这些都为英语听说教学提供了真实的语言环境。

可延续对话型任务设计要求智能学习系统具有多种功能，如人际对话功能、线上讨论功能、反复播放对话视频功能等。智能学习系统的这些功能，为小组对话提供了丰富的资源，也为小组对话活动的顺利开展提供了技术保障。

效果评价。效果评价在可延续对话型任务中也起着不可替代的作用。教师要引导学生通过恰当的方式来展现自己的学习成果，并为学生提供学习效果评价的标准。同时，教师还应该鼓励学生之间的评价，并提供相应的评价标准。具体到大学英语听说智慧课堂教学，教师在进行可延续对话型任务设计时就应该提出相应的任务标准，使学生明确英语听说学习成果的评价标准。同时，教师也要采用科学合理的评价方法对学生英语听说学习的效果进行评价。

（2）智慧课堂在英语词汇教学中的应用。

第一，智慧课堂应用于英语词汇教学的必要性。随着信息技术的迅速发展，智慧课堂在大学英语教学中的应用更加广泛。关于大学英语智慧课堂教学模式的研究也日益增加，但大多数研究都集中在：一是对大学英语智慧课堂的各种要素进行了系统论述，其中，系统要素、技术要素、应用要素是研究者研究的重点；二是对大学英语智慧课堂的网络平台进行了系统研究，并对平台的基本特征进行了重点论述；三是对大学英语智慧教学模式的线上线下模式进行了研究，并构建了相应的模式体系；四是对大学英语智慧课堂教学模式的具有应用进行了研究，为智慧课堂的具体应用提供了指导。将智慧课堂融入大学英语词汇教学中，是当前英语词汇教学改革的必然趋势，究其原因主要包括以下方面：

首先，智慧课堂是信息技术发展的产物，实现了线上线下教学的有效融合。这种教学模式使词汇教学不受时间和控制的限制。词汇教学是一个复杂而动态的过程，在时间有限的课堂教学中很难系统讲解词汇，也很难实现词汇教学的目标。而智慧课堂与英语词汇教学相融合，打破了传统教学的局限，学生可以在课下随时随地进行词汇学习，真正解决了课堂教学学时不足的问题。智慧课堂将课堂教学与课外教学、线上教学与线下教学有机结合，对词汇教学具有很大的促进作用。

其次，智慧课堂在词汇教学中的应用，为教师提供了多样化的教学方式。智慧课堂以信息技术为基础，融合多种教学媒体，为教师和学习提供了丰富的资源。教师可以采用智慧课堂的支持平台进行词汇教学，也可以借助微信等工具对学生的词汇学习进行指导。

最后，智慧课堂注重学生的主体性，能够促进个性化教学的实现。智慧课堂融入词汇教学，教师可以充分利用智慧课堂教学的优势，利用测评分析，及时了解学生词汇学习的情况，并根据学生的学习情况进行个别化辅导，同时也可以及时调整词汇教学的进度，促进学生的个性化学习。学生也可以根据自身实际的学习情况来选择词汇学习资料，调整学习进度，真正发挥自己的主体优势。

综上所述，智慧课堂有利于解决大学英语词汇教学中存在的诸多问题，为大学英语词汇教学提供了新的思路。因此，将智慧课堂融入大学英语词汇教学改革中是必要的，也是可行的。

第二，基于智慧课堂的英语词汇教学课堂设计步骤。智慧课堂在大学英语词汇教学中的应用是复杂的，具体包括以下方面：

一是课前准备。课前准备是基于智慧课堂的大学英语词汇教学课堂设计的基础。课前准备不仅包括学生预习英语单词的测评，还包括相应的英语词汇教学设计。课前准备能够为英语词汇智慧课堂教学设计奠定基础，其旨在借助信息化平台对学生预习英语单词的情况进行检测，并根据预习测评结果，对英语词汇智慧课堂教学方案进行设计。在词汇教学设计过程中，要注意设计的针对性、逻辑性、个性化。

二是课堂互动。课堂互动也是英语词汇智慧课堂教学设计中不可缺少的环节。课堂互动强调学生在课堂上的交流与互动，它是在学生预习的基础上进行的。通常情况下，课堂互动除了包括协作学习、课堂检验外，还包括总结提升的部分。通过课堂互动的设计和实施，有利于改革传统的教学模式，创新词汇教学的方法，形成平等、互动的师生关系，最终有利于提高英语词汇教学的效率，实现英语词汇教学的目标。

三是课后反馈。课后反馈是英语词汇智慧课堂教学设计的最后阶段，也是词汇设计不可缺少的环节。课后反馈能够对学生课堂上的表现和学习情况进行反映。教师可以根据学生的实际学习情况设计下一节课的教学内容和目标。通常情况下，课后反馈除了包括线上辅导、资料补充外，还包括复习巩固等环节。教师可以根据课后反馈的结果，对词汇教学进行资料补充，从而使学生能够真正理解和掌握英语词汇，并将其灵活应用到英语技能教学中。

第四节　创新视域下英语学科教学方法

一、英语学科体验式教学法的创新应用

英语教学一直是教育领域的热点话题，随着全球化的发展和信息技术的普及，人们对英语学习的需求日益增加。而传统的英语教学方式可能难以满足现代学生的学习需求，因此英语体验式教学的创新应用备受关注。

英语体验式教学，又称为英语实践教学或沉浸式教学，是一种通过创造性和互动性的体验来促进学生英语学习的教学方法。其核心理念是将学生置于现实情境中，通过参与感知、体验和交流，使学生在真实语境中学习和运用英语。英语体验式教学的特点体现在以下方面：①语言真实性：教学内容紧密结合真实生活中的语言情景，让学生感知和运用真正的英语。②学习主体性：学生成为学习的主体，积极参与体验和互动，激发学习兴趣。③互动性：教学注重师生互动，学生之间的合作与交流，营造积极的学习氛围。④创造性：教学中注重学生创造力的培养，鼓励学生通过实践探索解决问题的方法。

（一）英语学科体验式教学的评价体系

1. 体验式教学过程评价

（1）学生参与程度评价。学生的参与度在一定程度上体现出学生的学习意识，个人的人生观与价值观也一定程度上对学生的最终学习成效和运用能

力有着不可忽视的影响。通过对体验式英语教学基本理论进行分析，我们发现，教师必须要对学生在学习过程中的心理体验进行分析。而衡量学生在学习过程中心理体验的指标大致上可以概括为四种：一是学生的学习活动参与程度；二是在进行学习过程中学生的愉悦感；三是学生内心与所学科目的共鸣程度；四是学习环境的优越程度。

（2）学生合作互动评价。在开展体验式英语教学的过程中，最重要的就是必须明确教学方法和学习方法。通常我们可将体验式英语教学的方法分为两种：一是任务型教学方法，二是合作型教学方法。对于学生而言，最能够激发学生学习兴趣的是合作型教学方法，因为在这种教学方法的引导下，学生会组成小组并相互之间进行帮助，以此来完成教师给予的任务。

所以，教师在对学生进行评价时，也必须对学生的小组互动行为进行评价。只有当学生在小组合作中获得良好的内心体验和愉悦感时，他们才能真正在合作中有所收获。在面对不同的学生时，教师应当有针对性地进行引导。评价一位学生的和小组合作状态时，需要综合考虑：①学生能否在小组交流中不断提升自己的英语沟通技巧，从而使自己的表达更加准确；②学生能否为小组贡献自己的智慧，并且是小组成员之间产生出群体的智慧；③学生在小组中能否相互解释所学的知识，当伙伴有不理解的知识点时，能否做到相互帮助；④学生的交流活动是否具有多边性、丰富性和多样性等特点；⑤学生是否能够积极地与小组同学进行多维度的英语交流。

（3）对学生情绪状态评价。每个人的情感感受都是不一样，针对高校英语课堂上，学生的情感感受大致可分为乐趣感和成功感，这两种感觉往往有促进作用，还有焦虑感、厌倦感、紧张感等这些感觉会在一定程度上抑制学生的学习积极性。虽然在这一过程中，每一个学生的反应有所不同，但是同一学生而言，对英语学习的体验在学习过程中，往往不是一成不变的，但在一定时期内，从长远的学习过程来看，在这一过程中，这种情感往往表现出一种相对稳定性，这种稳定性体现在学生对英语学习的情感上。

对于学生而言，在这样的过程中学生必然会收获独特的情感体验。但整体来讲，在特定的时期内，学生的情感体验通常是基本稳定的，并且以一种体验为主。对学生课堂情绪状态的评价主要包括：①在体验式英语教学模式下，只有形成良好的课堂环境，学生们才能在其中得到锻炼，从而培养坚强的一直和良好的道德品格；②在具体的课堂教学中，教师必须观察学生是否获得愉悦感和成就感；③在推行合作学习法的过程中，教师要关注小组成员之间的交流，并关注小组成员与教师之间是否产生相互信任，并引导学生自然地表露自己的情感，只有这样才能产生良好的情绪共鸣；④经过一段时间的教学后，教师要对学生掌握知识的情况进行整体的测验和把握，并注重对学生阶段学习情绪的引导与调节。

（4）学生体验状态评价。体验式英语教学活动所要求的体验状态，主要表现是能够使学生保持和提升学习者的兴趣，要能够在课堂学习中、在交流互动中产生积极的体验。之所以要求产生积极的体验，是因为在这一过程中，学生的体验状态，往往都是与"愉悦"紧密相连。如果在学习过程中，不能给学生带来快乐的学习体验，也就很难激发学习者的学习热情。因此，在实践中对学生在学习过程中体验状态的评价是很重要的，它们是以学生在课堂学习的过程中能否满足自身的个性化学习需求和能否体验到学习的快乐为标准的。

2. 体验式教学材料评价

英语体验式教学环境评价构建离不开体验式教材评价，体验式教材的评价标准应基于以下特性：

（1）规范性和代表性。这一点主要体现在语言所表达的信息是否正确、经典，语言表述方式是否规范。因为经典与规范是评价一本教材语言表达的最基本的标准。

（2）实践性。体验式教材应当注重营造特定的情景，特别是多元化的交际情景。

（3）逻辑性。逻辑是否足够清晰，在一定程度上影响到教材的整体质量。因此，体验式教材无论在局部还是整体，都应体现出明显的逻辑关系，做到每个章节之间相互照应，知识点的教学承上启下。

（4）文化内涵和社会性。现如今，文化教学观念在英语教学中占有很大比重，语言是文化的载体，语言的教学离不开文化素养的教学，在体验式教学教材中加入更多文化引导，能够增强学生的跨文化交际意识。只有当文化信息鲜明时，学生才能逐渐对目标文化产生深刻的理解，并促使其将母语文化与目标语文化进行对比。

（5）批判性。在进行体验式高校英语教材的编写时，必须从不同的角度进行思考，并提出不同的观念。如果仅从一个角度进行编写，必然会沦为说教式的教材，导致学生无法从教材中获得多元化的内容。

（6）交互性。体验式教材一定要为学生营造良好的交流环境，因此交互性是体现其价值的重要特征，体验式教学中必须包括一系列任务，并以任务为线索引导学生参与语言交际活动。

3. 体验式教学效果评价

效果评价机制是指对学习的整个过程进行跟踪监测并将结果反馈出来的一种机制。对学习效果进行评价的根本目的在于让学生明确接下来阶段学习的起点，从而设定符合自己能力的学习目标。效果评价应当建立在多元化评价理论的基础之上，并结合具体的实践成果。体验式英语教学效果评价的指标参考可以包括：①在日常课堂教学中注意营造良好的课堂氛围，保证课堂秩序活跃但不散乱；②注重学生信息反馈。教师应当及时掌握学生和学习小组提出的反馈信息，并根据这些信息对自己的教学行为和教学计划作出及时的调整；③教师应当及时了解学生学习知识和掌握语言技能的程度。根据学生不同时期遇到的困难与问题，及时调整教学策略，力求学生语言应用能力的不断提升和综合专业素养的稳步提高。

4. 体验式教学评价方法

英语体验式教学评价方法一般有实证性与人文性两种。实证性方法能够依据客观事实和数据得出结论，它的优点是准确、高效。但是，尽管这种方法能对评价对象进行准确的描述，但容易导致重结果、轻过程的情况。这种方法具有很强的说服力，在这一过程中，它以严密的数学方法精确分析所得资料，同时，也缺乏一定的灵活性。相比较而言，人文评价能及时、有效地解决评价过程中出现的问题，同时，还能够在评价中，及时的关注评价过程中，相关人员之间人际关系的交流。更重要的一点是，这样的评价体系，在实践中具有很强的针对性，它不仅能够重视问题，而且还能够深入分析问题背后的原因，因此在这一过程中能较好地发挥评价的功能。

5. 体验式教学评价核定

在传统的教学模式当中，教学评价更多关注学生的考试成绩，而新的教学评价体系则不应只关注学生的考试成绩，还需要对学生在学习过程中的情感体验、学习态度、价值观念等方面作出综合评价。但我们也不能完全取消对考试分数的评价。所以，体验式高校英语教学，应该是教师与学生共同参与完成的一个整体性的过程。在这一过程中，教师不仅需要在教学过程中，实现教学目标、提高教学水平，更重要的是对教学过程有清楚的认识、和有效的监控。此外，在这一过程中，还要求注意妥善运用学习评价，这是一种作为监控之一的手段。在这一过程中，既能帮助学生在学习过程中了解课程重点及自己的学习进展，还能通过运用一套设计得当的评价方法，及时有效的帮助他们掌握所学的知识和技能，这样的方法能够给学生以成就感，进而激发他们在这一过程中产生的学习兴趣。

（二）英语学科体验式教学的应用渠道

1. 体验式教学在课堂中的创新应用

（1）游戏化教学法。游戏是孩子成长中最常见的活动之一，而游戏化教学法将游戏元素融入英语教学，使学习变得有趣和愉悦。教师可以设计各种英语语境的游戏，如角色扮演、单词接龙等，让学生在轻松的氛围中体验英语学习，从而提高学习积极性和学习效果。

（2）情境模拟教学。情境模拟教学是英语体验式教学的重要组成部分。通过模拟真实生活中的场景，如餐厅点餐、购物、旅行等，学生在虚拟情境中使用英语进行交流，提高他们的语言应用能力和自信心。同时，教师还可以引导学生在模拟中不断调整和改进表达，从而实现语言技能的提升。

（3）多媒体辅助教学。随着科技的发展，多媒体在教育中的应用日益广泛。英语体验式教学可以借助多媒体资源，如视频、音频、互动课件等，创造更加真实和丰富的英语学习环境。学生可以通过观看英语短片、听取英语音频等方式感知语言，提高听说能力，并在多媒体互动中增强学习体验。

2. 体验式教学在技术支持方面的应用

（1）虚拟现实技术。虚拟现实技术是近年来快速发展的技术，通过模拟真实情境，使用户感觉身临其境。在英语体验式教学中，教师可以利用虚拟现实技术创造各种语境，让学生在虚拟场景中用英语进行交流，增加学习的真实感和参与感。

（2）在线合作学习平台。英语体验式教学强调师生互动和学生之间的合作。在线合作学习平台可以提供一个便捷的交流平台，使学生能够随时随地进行英语学习互动。学生可以在平台上分享学习心得、讨论问题、合作完成任务，从而增强学习效果。

（3）智能语音助手。智能语音助手如 Siri、Alexa 等已经成为现代生活中的一部分。在英语体验式教学中，教师可以借助智能语音助手，让学生通过与语音助手的交互来练习英语口语，提高语言表达能力和自信心。

二、英语学科任务型教学法的创新应用

任务型教学法兴起于 20 世纪 80 年代，它强调"做中学"，是一种语言社会化和课堂真实化的语言教学方式，该教学法对英语教学具有十分重要的意义。"任务型教学法注重师生之间的沟通与交流，强调课堂教学效率的提升，为中国高校英语教学模式的改革指明方向，也为英语人才的培养创造契机。"①

（一）英语任务型教学法的基本特点

1. 注重教学内容的真实性

任务型教学法注重内容的真实性，这是任务型教学模式的显著特点。具体而言，任务型教学的内容大多数都与学生的日常生活密切相关，同时教学活动也是丰富多彩和富有层次的。任务的不同的阶段有着不同的任务或活动设计。例如，任务的初级阶段，主要注重的是意义的建构和机械性的活动；到了任务的中级阶段尤其是在任务的高级阶段，主要注重的是知识运用方面的活动设计。无论是任务的内容如何设计，都尽可能地贴近学生的生活，保证内容的真实性。

2. 重视任务链的循序渐进

在传统的教学模式中，虽然有着具体的教学程序、任务和步骤，但大多数教学程序、任务和步骤之间是孤立存在的，并没有紧密的联系。而任务型教学法包含数个不同的任务，且每个任务之间并不是孤立存在的，而是相互联系、相互制约、相互促进的。具体而言，在任务型教学模式中，任务的设置都是循序渐进的，遵循着由简单到复杂的顺序，同时，任务与任务之间都是紧密联系在一起的，具有层次性、关联性、连续性等特征。任务型教学涉及的任务十分广泛，单一的、综合的、输入的、输出的、初级的、高级的等。正是这些广泛的任务形成了一个循环的任务链，相互促进、共同发展。

---

① 苏丽敏. 论任务型教学对高校英语人才培养的潜在作用［J］. 黑龙江高教研究，2016（2）：155.

3. 教师与学生角色的转变

在任务型教学法中，教师不再是权威者，不再处于语言教学的主体地位，确立了学生的主体地位。教师的角色发生了一定的转变，教师负责设计任务、提供资料、组织教学活动、引导学生学习等。可见，教师由传统的权威者转变成设计者、提供者、组织者、引导者、示范者等。相应地，学生的角色也发生了一定的转变。在传统的语言教学模式，学生的主体地位被严重忽视，学生是知识的被动接受者。而在任务型教学模式中，学生的语言项目使用不受限制，可以个人独自完成学习任务，也可以与小组内的其他成员通过合作的形式完成学习任务。学生可以自由使用语言形式和项目，充分发挥自己的特长，发挥自己的创造力等。总而言之，任务型教学模式以学生为中心，学生由传统的被动接受者转变为主动参与者、自主学习者、主动思考者、积极合作者、调控者。

4. 教学评价中的方式转变

任务型语言教学法与传统的语言教学法在评价方式上有着很大的不同，下面从不同的方面对其进行简要分析：

（1）从评价目标而言，传统语言教学法注重评价的结果、最终的成绩等；而任务型语言教学法注重评价的过程、能力的提高和发展。

（2）从评价内容而言，传统语言教学法注重单一语言知识的传授；而任务型语言教学法主要重视的是语言的应用能力、语言的学习过程。

（3）从参与评价主体而言，传统语言教学法主要注重教师评价，评价的主体具有单一的特点；而任务型语言教学法的评价主体具有多样化的特点，不仅包括教师评价、学生评价、同伴评价，还包括家长评价、社会评价等。

（4）从评价手段而言，传统语言教学法主要采用单一性的评价手段，通常主要通过采用固定性考试的手段来对学生的学习情况进行评价；而任务型语言教学法采用的评价手段也是多元化的，不仅包括测试性与非测试性评价，还包括形成性评价与终结性评价。同时，还包括教师评价、学生间互相评价、学生对自己的评价等。

（5）从评价效果而言，传统语言教学法受应试教育的影响，用考试和分数来衡量教学的效果，教师之间、学生之间的攀比性很高；而任务型语言教学法注重学生合作精神的培养，鼓励学生积极主动参与学习活动。

（二）英语任务型教学法遵循的原则

任务型教学法在大学英语教学中应用十分广泛。在明确了任务型教学法的兴起背景、类型、原则等理论知识的基础上，为了在大学英语教学中更好地应用和实施任务型教学法，教师应该在实施任务型教学法时明确任务型教学法的原则，主要包括以下方面：

1. 真实性原则

在具体应用和实施任务型教学法中，教师应该保证教学任务设计或教学活动设计的真实性。具体而言，就是教师要明确语言交际应该在怎样的情景中发生，或需要什么样的情景进行交际。可见，真实性原则是教师在教学中实施任务型教学法必须遵循的原则。只有使语言与情景有效融合，才能实现交际的目的。如果没有真实性的情景，交际也很难顺利进行，语言知识与情景也很难融合在一起。

教师应该从思想上意识到真实性原则在任务型教学法实施中的重要性，应该重视语言知识的情景性设计，鼓励学生在不断适应新的情景，同时引导学生利用各种手段和途径来理解语言知识情景。在此基础上，学生还应该学会将自己学习的语言知识与新的情景有效融合，从而实现知识中有情景、情景中有知识的多元化体系。

需要强调的一点是，在大学英语教学中，绝对的真实性情景并不容易实现，这里强调的真实性原则并不是绝对的真实性，而是要求尽可能地真实，尽可能地与现实生活贴近，或尽可能地为学生提供真实的教学情景、学习情景和交际情景。

2. 信息差原则

信息差，简单理解就是交际双方之间的各自拥有的新信息。信息差的实施必须有共享信息作为基础。只有交际双方在共享信息的基础上，才能通过交流和交际来获得各自所需要的新信息。这也就是交际双方交际的最终目的。

在进行交际或理解任务的过程中，交际双方十分重视任务的内容、意义等，并不重视语言采用的形式以及语言的表达、语法的准确。交际双方只要理解了任务了内容以及表达的意义，就可以称得上交际的成功或任务执行的成功。

因此，教师在教学中实施任务型教学法的过程中，应该关注信息差，了解共享信息信息基础作用，理解双方的交际需求，明确任务本身所要表达的意义或价值。

3. 互动性原则

语言教学需要互动性，大学英语教学也不例外。在任务型教学法实施过程中，也应该注重互动性。互动性强调的是交际双方在交际过程中的双向的，无论是对话、会话，还是讨论都是互动性的。具体到日常生活中的交际中，最为常见的交际方式也是双向的。不可否认的是，在日常生活交际中，也存在着一些单向的交际方式，如话剧中的独白就是常见的单向交际方式。

在交际过程中，互动性是语言输出的基础，是信息交流和前提，是意义协商的保障。在互动中，必然有合作，必然有交流。需要指出的是，互动还需要一定的条件，如话语常规、人际关系、交际需求等，只有这样，才能保证互动是有意义和有价值的。同时，在互动过程中，为了能够保证互动的顺利性和有效性，互动双方还应该选择不同的语言交际形式。另外，互动的过程也就是交际双方互相了解对方的过程，也是获得交际需求的过程。可以说，互动能够使交际双方更好地认识语言、了解语言、理解语言和使用语言。

具体到大学英语教学中，英语教师在应用任务型教学法的过程中，也应该遵循互动性原则。例如，在大学英语教学过程中，教师可以通过对话、提问、交流、讨论、合作等形式来实施教学。同时，教师应该充分发挥互动的作用，采用多种方式鼓励学生主动发言、主动交流、积极提问、主动辩论等，这样有利于学生从中感受到互动的乐趣，激发学生学习英语的兴趣。另外，教师应该将互动性贯穿于教学的整个过程中，多布置一些互动性的任务，鼓励学生积极参与到互动活动中，从而使学生更好地完成任务。

4. 注重做事原则

在任务型教学法实施过程中，教师还应该重视做事过程。在具体的任务设计中，教师应该多布置一些动手动脑的任务，并鼓励学生通过手脑结合来完成具体的任务。实际上，学生做任务的过程就是做事的过程。具体到语言教学中，就是用语言完成事情的过程。在这一过程中，学生不仅要对问题进行思考、分析，还要寻找各种方法解决问题。教师还应该引导学生具体问题具体分析，不同的问题有着不同的语言做事技巧，从而选择科学、合理的方式来解决具体的语言问题，最终在认真做事过程中完成语言任务。

关于语言教学中，究竟应该重视教学过程还是教学结果。不同的教学方法研究有着不同的观点。任务型教学法研究者认为过程比结果要重要得多。在做任务，即做事的过程中，学生就可以思考问题、分析问题、解决问题，从而使自己的语言知识更加丰富，使自己的语言体系更加健全。

5. 可操作性原则

任务性教学法在实施过程中，还应该注重任务的可操作性。如果任务或教学活动设计得过于复杂或过于难，就不利于学生顺利完成任务。同时，在设计教学活动或教学任务过程中，教学道具、教学内容、教学时间等都应该合理安排，既能够满足教学需要，又能够将教学的内容和意义表达出来。

有一些教学活动或教学任务，有时间的限制，要想在注重可操作性的基础上，教师在设计教学活动和任务的过程中，应该充分考虑多种因素，应该将课堂教学与课后练习相结合的，同时还可以借助一些道具或利用一些信息化教学手段来进行设计，进而鼓励学生积极主动地完成任务。此外，为了增加任务的可操作性，在设计教学活动和教学任务的过程中，教师应该使任务设计的内容更加简明扼要，可以将任务做成能够修改的方式，还可以对任务中的内容进行重复运用。

6. 弹性模式原则

在任务型教学法实施过程中的，教师还应该重视弹性模式。在设计教学任务和教学活动过程中，教师应该结合具体问题进行具体分析，不能将任务设计成固定的模式，应该将弹性模式融入具体的任务型教学中，只有这样才能促进任务教学法的广泛应用。

（三）英语任务型教学法的创新阶段

1. 任务前阶段

任务前阶段是大学英语任务型教学模式实施的前提。准备阶段与呈现阶段都是任务前阶段的实施步骤。任务前阶段是任务型教学模式不可缺少的阶段，其主要作用主要包括两个方面：一方面是通过任务前的准备工作和呈现工作来激活学生的已有知识体系和思维，使学生能够在已有知识体系的基础上构建多元化的语言系统；另一方面是为任务实施的下一阶段做准备，使学生能够积极主动地学习，积累丰富的知识，为任务的完成奠定基础。

（1）任务的准备。在任务的准备阶段，学生要积极地参与到任务中，并通过多种手段获取信息并对信息进行相应的处理，同时还要对这些信息内容进行表达，从而提高自身的语言技能和表达能力。具体到大学英语教学中，教师在任务准备阶段，还应该注意英语输入的真实性以及英语任务设置的难易程度。只有这样，才能使学生更好地为英语任务的下一阶段做好准备。

（2）任务的呈现。任务的呈现是指教师向学生介绍需要完成的任务，同时，强调完成这一任务需要学生利用新的语言知识。教师还应该根据学生的具体学习情况，为学生创造真实的情境，从而调动学生学习语言的积极性。

2. 任务中阶段

任务中阶段对学生的语言习得起着至关重要的作用。在任务中阶段，教师应该结合学生的实际学习情况，合理选择任务，避免任务的难度过高或过低。具体到大学英语教学中，一旦出现任务过高或过低的现象，教师要针对存在的现象采取具体的对策。

在任务实施过程中，学生为了更好地完成任务，可以采取多种方式，如小组形式、辩论形式、自由组合形式等。在大学英语任务型教学模式中，小组活动的形式比较受欢迎。在进行小组活动设计中，要明确小组任务与个人任务并不是孤立存在的，而是相互促进的，同时要明确师生之间的关系与角色转变。在小组活动开展过程中，教师要及时进行指导，从而促进教学目标的实现。

此外，教师可以与学生积极互动，甚至主动融入小组活动中，与学生共同参与任务、共同学习、共同讨论，从而形成平等、和谐的师生关系。同时，教师还可以及时了解学生完成任务和对知识的掌握情况，并以此为依据，及时调整教学方式，从而促进任务的高效完成。

3. 任务后阶段

经过任务前、中阶段，就进入到任务后阶段。这一阶段的实施主要包括对任务的汇报和评价。经过任务的实施后，小组内可以选取代表在课堂上进行发言，总结和汇报本组内任务完成的具体情况。在这一过程中，教师主要扮演着指导者的角色。之后，教师应该对每个小组任务完成的情况进行评价。不仅要指出小组完成任务的长处，还要指出小组完成任务的不足，从而使小组明确自己的优点和不足。同时，教师应该给予优秀小组一定的奖励。另外，在任务评价过程中，教师不仅要科学、公平地评价每个小组，还要鼓励学生与学生之间进行评价，这样有利于学生正确认识自己，客观评价他人。

三、英语学科情感教学法的创新应用

情感教学是指教师在教学过程中对认知因素予以充分考虑的同时，借助一定的教学手段，通过激发、调动和满足学生的情感需要来完善教学目标，增强教学效果的教学模式。情感教学具体是指教师以教学活动为基础，运用一定的教学手段来调动、激发和满足学生的情感需求，从而努力实现认知因素和情感因素完美统一的过程，以期达到提高教学效果及促进学生全面、和谐发展的目标。教学实践活动应该在遵循教学原则的前提下来开展。虽然在课堂教学中不能直接学习情感，但是情感却间接影响着学生的学习效果。英语情感教学方法的创新应用，需要遵循以下原则：

第一，寓教于乐的原则。在教学活动中，教师应当在能够保证教学活动正常进行的前提下来实施寓教于乐的原则。教师不能把调动学生的情绪作为整堂课的主要内容，而应当把调动学生的积极性作为教学活动的出发点，激发学生的学习兴趣，使学生的课堂学习情况达到一个最佳的状态，让学生在愉悦的情绪下学习和接受教学活动，这才是寓教于乐的核心原则。

第二，移情的原则。移情原则就是一个人的情绪可以影响和转移到别人的身上，在教学活动中具体体现在两个方面：一方面是教师的个人情感因素道德品质、人格以及个性魅力、教学水平等相关因素直接影响着学生的情感，进而影响到教学效果；另一方面是课堂教学中的教学内容像课文中的人物的情感世界也会影响着学生的情感。在实施这一原则时，教师应该主动引导学生来感受作者的情感和意图以及课文人物的情感。

第三，情感交融的原则。教学活动是在教师和学生之间进行的。教师和学生之间的情感交融将直接影响着学生的情感反应和教学活动的效果，同时师生关系的和谐情感将有助于提高学生学习的积极性。

结语

在本书中，我们深入探讨了高校英语学科建设的路径以及教学研究的重要性。通过对英语教育领域的深入剖析，我们揭示了高校英语学科建设的关键因素和发展趋势。本书不仅着眼于理论层面，更关注实践应用，力图为高校英语教育的改进和提升提供具体的指导和方法。

高校英语学科建设作为培养具有国际视野和跨文化交流能力的人才的重要一环，需要紧密结合国内外的最新发展，不断调整和更新教学理念和方法。本书强调了教师的专业发展和教学研究的重要性，鼓励教师积极参与教育研究，不断创新教学内容和形式。同时，本书也强调了学科交叉和融合的重要性，倡导将英语教学与其他学科相结合，培养学生的多元思维能力和综合素质。

教学研究是高校英语学科建设的核心，本书深入探讨了教学研究的方法和途径，强调了实践的重要性。我们提出了从课程设计、教材选择到评估反思的全方位研究模式，鼓励教师在实际教学中不断进行探索和创新。教学研究的成果不仅能够提升学生的学习效果，更能够促进整个学科的不断发展和进步。

总而言之，高校英语学科建设和教学研究是一项复杂而又充满挑战的任务，需要教育工作者的共同努力和持续投入。我们相信，通过本书中提出的理念和方法，能够为广大高校英语教师提供有益的启示和指导，推动高校英语学科建设和教学研究取得更加显著的成果。

参考文献

[1] 陈洁. 英语新词汇的特点及翻译技巧 [J]. 校园英语（教研版），2011（6）：84.

[2] 陈思孜. 多元文化视域下高校英语教学理论与有效方法研究 [J]. 科教导刊－电子版（上旬），2021（3）：233.

[3] 陈莹，吴倩，李红云. 英语翻译与文化视角 [M]. 长春：吉林人民出版社，2020.

[4] 方燕芳. 英语思维与英语教学 [M]. 成都：电子科技大学出版社，2017.

[5] 郭坤，田成泉. 高校英语生态教学环境的优化 [J]. 教育理论与实践，2016，36（24）：56.

[6] 韩宪武. 新时期高校高专英语有效教学策略初探 [J]. 湖北科技学院学报，2013，33（3）：102.

[7] 韩媛. 高校英语专业学科建设与人才培养探究 [J]. 中国高等教育，2022（Z1）：72.

[8] 何彬. 线上线下相结合的高校英语混合式教学模式探究 [J]. 英语广场，2022（6）：102.

[9] 黄宇. 从中西思维差异浅谈商务英语句式的翻译——以产品推介翻译为例 [J]. 海外英语（上），2022（3）：23.

[10] 江琳. 高校英语课程体系的"个性化"构建 [J]. 福建江夏学院学报，2022，12（1）：103.

[11] 李红霞. 高校英语教学研究 [M]. 天津：天津科学技术出版社，2017.

[12] 刘晓娟. 新文科视域下英语教学的学科融合实践探索 [J]. 阜阳职业技术学院学报，2022，33（3）：39.

[13] 柳菁菁. 试论高校英语教学中跨文化意识培养 [J]. 食品研究与开发，

2021，42（22）：252.

[14] 马丽. 高校英语教学目标中读听写的关系研究 [J]. 新教育时代电子杂志（教师版），2017（3）：33.

[15] 欧旦阳. 大学英语混合式教学模式探究——以贵州理工学院为例 [J]. 海外英语，2018（14）：104.

[16] 潘瑞峰. 高校英语课堂教学的有效性研究 [J]. 科技致富向导，2012（6）：61.

[17] 彭杰，刘晓庆. 高校英语课程教学问题探析 [J]. 读与写（教育教学刊），2019，16（11）：17.

[18] 时贵仁. 浅谈高校英语教学三要素 [J]. 中国高教研究，2003（11）：96.

[19] 宋聚磊. 汉语重叠与其英译双重对比研究——以《西游记》和两译本为例 [J]. 北京科技大学学报（社会科学版），2022，38（5）：543.

[20] 宋君. 高校英语有效教学的研究 [D]. 咸阳：西北农林科技大学，2012：7.

[21] 宋雨晨，谭诣，王丽华. 高校英语教学思维创新 [M]. 长春：吉林人民出版社，2020.

[22] 苏丽敏. 论任务型教学对高校英语人才培养的潜在作用 [J]. 黑龙江高教研究，2016（2）：155.

[23] 陶玮. 贵州高校构建大学英语微课资源共享平台的几点看法 [J]. 海外英语，2018（18）：162.

[24] 王璐. 高校英语交际教学模式浅谈 [J]. 西部素质教育，2017，3（22）：184.

[25] 魏洁. 功能翻译理论在大学英语教学中的价值与应用 [J]. 科教文，2020（34）：187.

[26] 魏丽珍，张兴国. 高校英语教学的生态特性及教学定位探究 [J]. 环境工程，2022，40（2）：2.

[27] 文燕. 教师反思与高校英语有效教学的研究 [J]. 教育与职业，2010（18）：188.

[28] 向刚. 跨文化背景下茶文化在高校英语教学中的应用 [J]. 福建茶叶，2021，43（7）：179.

[29] 肖菊. 本土文化融入贵州高校英语课程思政路径研究 [J]. 贵阳学院学

报（社会科学版），2021，16（3）：113.

[30] 肖峥辉 . 基于项目教学法的大学英语自主合作学习模式探索 [J]. 教育进展，2020，10（5）：5.

[31] 徐振华，高心涛 . 高校英语语言学教学问题透视及优化方法研究 [J]. 商情，2018（51）：164.

[32] 杨婷 . 贵州高校商务英语专业课程设置的路径研究 [J]. 产业与科技论坛，2020，19（13）：272.

[33] 张富民 . 文化交融视域中的英语翻译研究 [M]. 北京：光明日报出版社，2019.

[34] 张美荻 . 英语语言学教学方法研究 [J]. 教育现代化，2017，4（39）：193.

[35] 郑璞玉，安桂芹 . 论高校英语教学翻转课堂的信息化建设 [J]. 黑龙江高教研究，2017（2）：155.

[36] 周婷 . 大学英语翻译技巧与实践教程 [M]. 武汉：华中科技大学出版社，2017.

[37] 朱燕华，陈莉萍 . 大学英语智慧课堂教学评价指标体系构建 [J]. 外语电化教学，2020（4）：94.